MW01169862

SAMUEL GRIMBERG
*Creación-Recopilación-Adaptación*

# *350 chistes judíos*

EDITORIAL SUDAMERICANA
BUENOS AIRES

Diseño de tapa: María L. de Chimondeguy / Isabel Rodrigué

IMPRESO EN LA ARGENTINA

*Queda hecho el depósito*
*que previene la ley 11.723.*

*Humberto I 531, Buenos Aires.*

ISBN 950-07-1109-5

*Verde es vida*

Poema ecológico de Samuel Grimberg

VERDE:
verde que das vida en la pradera,
verde que me alimentas en la ensaladera,
que me haces feliz en la billetera.

NOTA: Todos los nombres, situaciones y personajes de este libro son imaginarios. Los apellidos judíos se han tomado al azar, combinándolos con los nombres de pila más comúnmente utilizados por la colectividad judía. También es imaginario su autor, porque el verdadero inspirador de los chistes siempre es el ingenio popular. Cualquier semejanza con alguna persona de la vida real es mera coincidencia casual e involuntaria.

SAMUEL GRIMBERG

Aclaración preliminar: Cuando lea, por ejemplo "hicistes" en lugar de hiciste, no se trata de error ortográfico sino de la escritura tal cual como algunos paisanos pronuncian la palabra.

## ALGUNAS PALABRAS UTILIZADAS

BRIS: *Bautismo judío, circuncisión.*

REBE: *Rabino.*

TÁTELE: *Papá.*

MÁMELE: *Mamá.*

YOM KIPUR: *Día del Perdón.*

MESHÍGUENE: *Loco.*

GOY: *Cristiano - No judío.*

TURCO: *Judío Sefaradí.*

KIPÁ: *Cobertor de cabeza que usan los varones religiosos.*

SHALOM: *Saludo judío, palabra que significa paz.*

SCHULE: *Escuela.*

## 1

Don Jacobo manda a su hijo Jaimito a la casa del turco a pedirle un martillo.

Jaimito regresa y le dice al padre que el turco no quiere prestar el martillo porque se gasta.

—¡Turco amarrete...! —dice Jacobo—. Traé el nuestro.

## 2

Jorge Licovetzki, amante de la náutica y otros deportes acuáticos, estaba navegando con su velero por el Río de la Plata, cuando se desató una feroz tormenta.

Desesperado, acude al método de su amigo José Jesús María Gainza Zambrano Varela, y le implora a Dios que lo salve de la tormenta; le promete que si sale todo bien donará la mitad de su fortuna para obras de caridad cristianas.

Al instante se hizo la calma total. Salió el sol y él continuó navegando apaciblemente.

Licovetzki repensó y dijo en voz alta:

—¿Qué necesidad tengo yo de donar la mitad de mis bienes a los goy? Mejor no regalo nada. La tormenta ya pasó.

Al momento se puso todo negro y la tormenta cobró una impresionante virulencia, aun mayor que la anterior. Licovetzki empezó a saltar con el barquito que hacía agua por todos lados. Alzando sus brazos al cielo dijo:

—Decime Dios, ¿por qué no te aguantás una jodita?

## 3

En la ruta a San Bernardo volcó el auto de Samuel y Berta Filkenstein. Samuel quedó atrapado entre las chapas, lamentándose de dolor.

Cuando llegan a auxiliarlo le dicen a Samuel:

—Tranquilícese, somos los bomberos.

—Gracias —dijo Samuel—. Ya colaboramos.

## 4

La madre judía le regala a su hijo dos corbatas para el cumpleaños. Una roja y la otra azul.

En la fiesta que se hizo a la noche, el homenajeado se presentó elegantemente vestido con un traje gris y la corbata azul. La madre al verlo, sufriendo le preguntó:

—¿Cómo, y la roja no te gustó?

5

Dos moishes van caminando por la calle, cuando de repente se larga a llover:

—Jacobo, ¿por qué no abrís el paraguas?

—No va a servir, ¿no sabés que está lleno de agujeros?

—¿Entonces para qué lo trajistes?

—¿Vos pensabas que iba a llover?

6

En el velatorio de Moisés "Quincho" Faidemberg, prestigioso empresario textil, su viuda se puso nerviosa porque el peluquín se le caía para todos lados. Era un papelón que todos los clientes, la prensa, y peor: las amigas, advirtieran que en vida había disimulado su condición de pelado.

Un amigo atorrante del Once le dice a Susana:

—Dejame un poco a solas con Moisés, yo te lo arreglo.

Cierra la puerta de la sala y permanece allí como media hora. Al aparecer nuevamente el difunto, lucía la cabellera perfecta.

—Bárbaro, Simón, ¿cómo te voy a pagar lo que hiciste por mí y por la imagen de Moisés?

—¿Qué te puedo cobrar, Susy, por dos clavitos?

## 7

El gerente de Moishes Mall llama a Manuel Ordóñez, el mejor vendedor de la tienda, y lo felicita:

—Manuel, la empresa está orgullosa con vos porque este año vendiste casi cinco millones de dólares. Para premiarte, te hacemos entrega de un cheque por mil dólares.

Y si el año próximo vendés lo mismo o más, te lo vamos a firmar.

## 8

Axelband le hace saber a Grosman que se iba a cambiar el apellido, porque "Axelband y Grosman" no era un buen nombre comercial para la firma en un mercado tan competitivo.

—Mejor me llamaría Johnson, es un nombre norteamericano, famoso, fácil, comercial, entrador. ¿Vos no creés que el marketing es muy importante?

Lo hace, y la firma pasa a llamarse "Johnson y Grosman".

Un buen día, Grosman le reconoce a su socio que había tenido razón, y que entonces él también iba a cambiarse el apellido. Así la firma pasó a llamarse

"Johnson & Johnson".

Suena el teléfono y piden hablar con Johnson. El socio que atiende pregunta:

—¿Con cuál de ellos: con Axelband o con Grosman?

9

En la empresa Liberman, Liberman & Liberman, suena el teléfono:

—Hola, ¿está Liberman?

—Liberman salió.

—¿Y Liberman?

—Tampoco está.

—¿Y el otro Liberman?

—Servidor.

10

Jacobo, si yo te pidiera un millón de dólares, ¿vos me los prestarías?

—Claro, hombre. ¿Somos amigos o no somos amigos?

—Y si yo te pidiera el piso de Punta del Este, ¿me lo prestarías?

—Y si yo te pidiera una camisa, ¿me prestarías o no me la prestarías?

—Vos sos meshíguene, ¿cómo te voy a prestar

una camisa?

—¿Por qué, si me decís que me prestarías millón de dólares y piso en Punta del Este?

—Porque camisa tengo.

11

Un muchacho judío que regresaba luego de estar dos años en Europa llama previamente a su madre para advertirle que venía con una novia goy.

La madre recibe la noticia con angustia y le dice al hijo:

—¿Cómo va a recibir la noticia tu tía Rebeca?

—Y bueno mámele, le explicaré.

—¿Y cómo se va a poner tu abuela?

—Y, ¿tiene que saber que mi mujer no es judía?

—¿Y el disgusto de tu padre?

—Está bien, mamá, pero ¿y vos?

—Por mí no te hagas problemas, total ahora cuando cuelgue el teléfono yo me muero y ya está.

12

Una vez, un prestigioso abogado de Mercedes, provincia de Buenos Aires, Horacio "Chupín" Deluca, gordito, morrudo y petisón, nariz aguileña, pinta de judío aunque no es, regresaba desde Once en el tren.

En el asiento de enfrente se sentó una señora judía

que lo observaba y lo observaba, como pensando... ¿a éste de dónde lo conozco?

En un momento dado, la judía se atreve a sacarse la duda:

—Disculpe, señor, ¿usted va al Club Judío de Castelar?

—No, señora —responde Chupín.

—Entonces, ¿manda a sus hijos al Colegio Judío de Castelar, no es cierto?

—No, señora, estará confundida —dice a secas el letrado.

—¿Pero usted es judío, no?

—No, señora, no soy judío.

Al rato:

—Diga la verdad, ¿usted es paisano como yo, no es cierto?

—¡No señora, no soy paisano suyo!

A los diez minutos:

—Sin embargo yo estoy segura de que, aunque usted no lo diga, es judío...

—No, señora, ya le dije que no soy judío.

Al rato:

—Mire, yo ya me bajo aquí en Castelar, no me deje con la espina; entre nosotros: ¿usted es judío, no?

Para conformarla, ya que se bajaba del tren, Chupín Deluca le contesta:

—Bueno, sí, señora, soy judío.

—¡Quién diría... No parece!

## 13

David va a la casa de Salomón y le dice:

—Salo, vengo a hablar con vos.

—Bueno, hablá.

—Es reservado —aclara David.

—Bueno, pasá al escritorio —dice Salomón.

—Necesito mil dólares.

—Quedate tranquilo... no lo sabrá nadie.

## 14

Dos moishes van a comer guefilte fish a un mediocre restaurante especializado en comidas judías.

Vienen dos platos, uno con una abundantísima porción y el otro con apenas un pequeño pedacito de pescado.

Uno de ellos toma el plato con la porción más abundante, y dejando al otro sorprendido comienza a comerla desesperadamente. Éste, con desagrado le dice:

—¿Qué clase de amigo sos? ¡Te agarraste el plato con la porción más grande!

—¿Y vos qué hubieras hecho?

—Ofrecerte la más grande a vos.

—¿Entonces de qué te quejás?

15

En el geriátrico:

—Hijo, menos mal que viniste, necesito un oculista: veo todo nublado.

—No gastemos plata, papá, ya va a llover.

16

En la oficina, el gerente a su secretaria:

—Susanita, ¿no quiere hacer el amor conmigo?

—¿Usted me tomó por una puta?

—¿Quién habló de pagar?

17

Le explica el Dr. Silberberg, abogado de la zona de Congreso, a su cliente, dueño de un autoservicio, que no duerme por las deudas, juicios y embargos que tiene en su contra:

—Interpondremos tercería de dominio por los bienes embargados, para lograr una mejor posición negocial en los juicios que han promovido en su contra. Y si se empecinan en querer seguir accionando, abriré su Concurso Preventivo. Eso hará temblar a sus acreedores. Usted va a ver, don Manuel, el éxito que tendremos.

—¿Y cuánto son sus honorarios, doctor?

—Por todas las medidas a promover, para empezar, unos diez o doce mil dólares.

—¿Y con eso se soluciona mi problema?

—El suyo no sé —aclara el abogado—, el mío sí.

18

Le cuenta la amante a su media naranja:

—Vos no sabés la pesadilla que tuve, David. Soñé que tenías un accidente y que perdías el pene. ¡Qué horror! Pero yo igual te quería y trataba de explicarte que a pesar de que te hubieras quedado sin pito, igualmente te quería y te seguiría queriendo. En el sueño te decía que mi amor es infinito e incondicional. Es un amor de verdad, David.

—Vos igual me querrías... Pero pensándolo bien, si yo me quedara sin pito, ¿para qué iba yo a quererte?

19

Dos bienudas de Punta:

—Susy, ¿vos hablás con tu marido cuando hacés el amor?

—Depende. Si tengo el Movicom...

20

Dos paquetísimas en un boliche top de La Barra, en Punta del Este:
—Y a vos, ¿te gusta hacer el amor?
—Claro que sí.
—¿Y masturbarte?
—Y sí, también; soy muy sensible.
—¿Qué preferís, hacer el amor o masturbarte?
—Y... hacer el amor... conocés gente, ¿viste?

21

En la sala de espera de uno de esos "Sauna Medio Pelo", el muchacho judío se encuentra con su padre:
—¡Papá!, ¿y vos qué hacés acá?
—¿Te parece, ché, por tan poca plata molestar a tu madre?

22

Se encuentran dos conocidos en la calle:
—Jaime, ¿cómo hacés para estar siempre tan joven?
—Yo no discuto nunca.
—¿No será por eso?
—Sí. No será por eso.

## 23

En Villa Crespo, barrio judío por excelencia, se había puesto de moda poner cartelitos o calcomanías con avisos de prevención en las lunetas de los automóviles.

"SOY JUDÍO. EN CASO DE ACCIDENTE LLAMEN AL RABINO", decía un cartel.

"SOY CASADA, decía otro. EN CASO DE EMERGENCIA LLAMEN A MI MARIDO".

"SOY POLÍGAMO, puso Mauricio Goldstein, EN CASO DE ACCIDENTE LLAMEN A MI MAMÁ".

## 24

Al importante y lujosísimo club sefaradí llega Simón Sefadle con su Mercedes blanco. Lo espera el gerente para anoticiarlo:

—Don Simón debo comunicarle que en la reunión de Comisión Directiva del jueves se decidió expulsarlo del club.

—¿Expulsarme a mí, que hice tantas donaciones para este club cuando no había ni parques, ni piletas, ni nada. ¿Por qué justo a mí...?

—Porque lo han visto orinar en la piscina.

—¿Y ustedes no saben que Abraham Cherem también orina en la piscina?

—Ya lo sabemos, don Simón.

—¿Y se olvidaron que también Elías Aarón tenía

la costumbre de orinar en la pileta?

—No nos olvidamos, señor Sefadle.

—¿Y no tienen en cuenta que también Moisés Tobar fue visto orinando en la piscina?

—Lo tenemos en cuenta, don Simón. Pero usted es el único que lo hace desde el trampolín.

## 25

El padre, dándole lecciones de vida a su joven hijo:

—Mira Shímele, nunca te dejes llevar por la ilusión del dinero. En la vida hay otros valores, y no debés perder de vista que lo más importante muchas veces está en esos otros valores que el ser humano debe cuidar. A mí también me lo enseñó mi padre: no todo es plata en la vida hijo mío: también hay cheques.

## 26

En el avión sobrevolando el Vaticano, dos moishes estiraban la cabeza mirando para abajo. Casi que se empujaban para tener un poquito más de ventana. Quedaron mudos mientras admiraban las catedrales, los edificios, los lujosos monumentos... finalmente uno rompe el silencio:

—Mirá éstos: empezaron con un pesebre...

27

En un pequeño pueblito del interior de Catamarca iba caminando un rabino recién bajado del Chevalier. Llamaba la atención: forastero, sobretodo negro casi hasta el suelo, valija negra, trenza, barba negra y larga, kipá en la cabeza, anteojitos media caña, paso cansado, mirada atenta...

Su marcha atrajo la atención de todos los parroquianos. Los grandes se preguntaban quién sería, los chicos formando grupos de ocho o diez lo seguían, luego se le ponían adelante para verlo venir, cruzaban la calle para observarlo pasar, las viejas se persignaban mientras cerraban puertas y ventanas corriendo la cortina para chusmear. Los pibes se comprometían con las comadronas ansiosas por saber quién era y qué hacía, mientras abrazados en alguna esquina se imaginaban mil cosas. Finalmente el rabino, muy molesto con la situación, se cansó y dijo:

—¿Qué pasa... nunca vieron un porteño?

28

En el velatorio de Friedemberg:

—Papá, yo, Samuel, primer hijo tuyo, para demostrarte mi amor hacia vos quiero poner en tu cajón tres mil pesos, que te llevarás a la tumba.

—Yo también, Jacobo, tu segundo hijo, para demostrarte que siempre te amé, pongo en tu ataúd tres mil pesos.

—Yo, Benjamín, tu hijo mimado, también quiero que sepas cuánto te quiero, tátele, y que te quiero más que Samuel y que Jacobo. Y para demostrarlo no pondré tres como ellos, sino cuatro mil pesos para que te lleves contigo.

Agarro seis mil que pusieron mis hermanos, y te dejo cheque por diez mil, papá.

29

En la calle se cruzan dos psicoanalistas:

—Shalom, doctor.

—¡Shalom!

—¿Qué me habrá querido decir éste con ese shalom?

30

David Mugrinski venía desde hace cuatro años, escapándose de una importante intervención quirúrgica. No pudo dilatarlo más, y finalmente debió enfrentar la operación. Se internó en el Hospital Israelita donde fue preparado para el quirófano.

Después que lo bañaron exclamó:

—Bueno, lo peor ya pasó, ¡ahora que sea lo que Dios quiera!

31

Aarón Gasberg fue a visitar al médico y exponerle su problema:

—Vea doctor, me salen gases todo el día, pero no hacen ruido ni tienen olor.

—Tome estas pastillas y venga a verme el jueves de la semana próxima —dijo el médico.

A la semana siguiente:

—¿Qué me dio doctor? Ahora tienen un olor insoportable.

—Lo curé de la sinusitis don Aarón —aclara el médico—. Ahora tome estas pastillas que lo curarán de la sordera.

32

El científico Moisés Bolumberg experimentaba con una araña que tenía sobre su mesa de trabajo, a la que le daba instrucciones verbales:

—¡Araña, salta!

La araña saltó al suelo.

Luego le arrancó una pata y dijo:

—¡Araña, salta!

Y la araña saltó.

Él iba anotando los pasos del experimento.

Siguió cortando una a una las patas hasta dejar a la araña con dos patas y ordenó:

—¡Araña, salta!

Con gran dificultad, la araña saltó.

La dejó con una sola pata y le dijo:

—¡Araña salta!

A duras penas, la pobre araña pudo dar un pequeño saltito. Él seguía anotando en su registro.

La dejó sin patas y ordenó:

—¡Araña, salta!

Nada.

—¡Araña, salta!

Nada.

—Araña, por última vez te ordeno: ¡salta!

Nada

Bolumberg anotó: "He comprobado que cuando a la araña se le quitan todas las patas se vuelve sorda".

33

En el aeropuerto de New York un gran cartel dice: WELCOME.

En el de Río de Janeiro: BEMVINDO.

En el de París: BIENVENUE.

En el de Buenos Aires: BIENVENIDO.

En el de Tel Aviv: ¿ÉSTAS SON HORAS DE LLEGAR?

34

Mueren un negro y un judío y ambos van al cielo. Llega primero el negro, que es recibido por San

Pedro, quien dándole la bienvenida al paraíso, ofrece darle lo que quiera.

El negro pide un millón de dólares. Lo que le es concedido por San Pedro.

Luego hace su ingreso el judío, quien ante el mismo ofrecimiento dice:

—Mira, Pedro, por mí no te hagás problema, dame veinticinco dólares en joyas falsas y cinco minutos a solas con el negro.

35

Se reúnen un cura, un pastor evangelista y un rabino y exponen el mecanismo de reparto de las limosnas de los fieles:

El cura dice: —Yo pongo un platito en el suelo, tiro todas las monedas y la plata, bien fuerte hacia arriba. Lo que cae afuera del plato es para Dios, lo que cae adentro es lo que Dios pone en el plato para mí.

El pastor dice: —Yo hago al revés. Lo que cae dentro del plato es para Dios, lo que cae afuera es que lo desprecia y lo deja para mí.

El rabino dice: —Yo también tiro todo para arriba. Lo que Dios quiere lo agarra. Lo que cae es mío.

36

Mario y Raquel se separan. Pero tiempo más tarde se encuentran en una fiesta.

Mario se acerca a su ex esposa, y luego de una conversación siente un impulso y le dice:

—¿Raquel, qué te parece si hacemos el amor por última vez?

—¡Sobre mi cadáver! —contesta ella enojadísima.

—Y bueno, ¿no es así como lo hicimos siempre? —responde Mario.

37

Chocan dos autos, uno era de un cura y el otro de un rabino. Se bajan y ambos dan gracias a Dios que no les pasó nada a ellos. Cortésmente cada uno ofrenda su auto a la religión del otro.

El cura abre un maletín y arroja agua bendita sobre el auto del rabino y lo tiene por bautizado al catolicismo.

El rabino llama a diez hombres, saca una sierra y le corta la punta del caño de escape al auto del cura.

38

—Papá ¿por qué te casaste con mamá?

—¿Acaso no sabías que fue por tu culpa?

40

Un judío analfabeto se presenta para un puesto de ascensorista en Tribunales. Por no saber leer, lo rechazan.

Se va a trabajar al puerto: hombrea bolsas, luego forma un equipo de estibadores, más tarde compra grúas y organiza sistemas de cargas portuarias, primero en Buenos Aires, y luego en todo el mundo. Llega a ser un multimillonario magnate de la industria naviera y de la actividad portuaria, sin saber leer. En una entrevista televisiva le preguntan:

—¿Usted pensó qué habría sido si hubiese sabido leer?

—Sí, responde el judío, ascensorista en Tribunales.

41

Susana le dice a Mirta:

—Nuestra pareja no es aceptada por la sociedad. Yo soy judía y vos católica.

42

Llega el hijo a la casa y le dice al padre:

—Papá felicitame, vine del colegio corriendo detrás del colectivo. Me ahorré los cincuenta centavos del boleto.

—Tonto, ¿no pensaste en venir atrás de un taxi que te ahorrabas como cinco pesos?

43

Diálogo comercial:

—Yo te pago el documento pero con un cheque a noventa días.

—No, tiene que ser en efectivo, venció hace tres meses.

—Bueno con un cheque a sesenta días.

—No. Efectivo.

—Cheque a treinta días.

—¡Efectivo!

—Entonces cheque para el lunes.

—¡No! ¡Efectivo!

—Bueno. Te doy efectivo, siempre y cuando no lo uses hasta el lunes.

44

En la plaza:

—¡Qué lindos chicos que tenés, Raquel! ¿Qué edades tienen?

—El médico cinco años, el abogado, tres —responde Raquel.

## 45

El hijo, después de tres años de estar en Madrid, regresa a su casa de Villa Crespo. La madre lo interroga:

—¿Habrás respetado el sábado, no es cierto?

—Yo era extranjero y no podía llevar cuestiones a la empresa donde todos trabajan los sábados.

—Por lo menos, ¿habrás comido casher, no?

—En España es muy difícil conseguir casher, mamá.

—Me imagino que habrás salido solo con paisanas, ¿no?

—En España no siempre te relacionás con judías.

Indignada, la ídishe mame exclama:

—¿Y la circuncisión la seguís teniendo o también la perdiste en España?

## 46

Samuel Grimberg estaba de excursión por Estados Unidos. En su grupo había un francés con quien compartía el desayuno en el hotel.

—"Bonjour" —dijo el francés.

—"Samuel Grimberg" —replicó Samy.

Al día siguiente:

—"Bonjour".

—"Samuel Grimberg".

Una argentina que estaba en el tour le hizo saber

a Samy que Bonjour quiere decir "Buen día" en francés.

Contento por el descubrimiento, al día siguiente se apresuró en saludar con entusiasmo al francés.

—"Bonjour" —dijo don Samuel.

—"Samuel Grimberg" —contestó el francés.

47

—Mauricio, te vendo el reloj.

—¿Qué marca?

—La hora, ¿qué va a marcar?

50

Intercambio de telegramas entre el hijo que vivía en New York y la madre que sufría en Villa Crespo:

HIJO: "Para el próximo Yom Kipur juntos".

MADRE: "Qué alegría, hijo. ¿Venís o voy?

HIJO: "Sí".

MADRE: "Sí, ¿qué?

HIJO: "Sí mamá".

51

Don Jacobo llevaba toda la mañana discutiendo el precio y las condiciones con su proveedor de tela para hacer blusas. El contador lo llama aparte y le dice:

—Don Jacobo, ¿para qué discute tanto el precio si a fin de mes nos vamos y no le va a pagar?

—Es un buen muchacho. No quiero que pierda tanto.

## 52

Un matrimonio de viejitos judíos, ya en el ocaso de la vida, deciden confesarse las travesuras:

—¿Te acordás, vieja, cuando en 1948 teníamos la mercería en Once; que trabajaba la hija del panadero de enfrente? Ese cuerpo fue mío.

Después cuando teníamos el taller de confección de camisetas en Villa Ballester y trabajaba Susanita, la costurera; ese cuerpo fue mío.

¿Te acordás cuando en 1960 pusimos la botonería en Villa Crespo y trabajaba la italiana de enfrente? Ese cuerpo fue mío.

¿Y recordás cuando en 1972, tuvimos el taller de confecciones de pantalones en San Martín, y teníamos una morocha que era la jefa de costurera? Ese cuerpo fue mío.

¿Y en 1975 cuando tomamos la empleada administrativa, Ana María, te acordás? Ese cuerpo fue mío.

¿Y vos vieja, me traicionaste?

—Una sola vez —confiesa la mujer—, cuando

teníamos el taller frente al Regimiento de Infantería. Sólo ese cuerpo fue mío.

53

En un vuelo de El Al la azafata anuncia:

"Estamos volando sobre territorio de Israel a diez mil metros de altura".

Jacobo, que iba por primera vez desde la Argentina con Rebeca, le dice a su mujer:

—¿Escuchaste Rebeca, yo sabía que Israel es grande, pero vos la imaginabas tan alta?

54

En el geriátrico para escleróticos, un viejo le pregunta a otro:

—¿Y qué tal don Samuel, cómo se siente aquí?

—Bárbaro. Todos los fines de semana me presentan parientes nuevos.

55

En una humilde peluquería de los suburbios de Tel Aviv se estaba afeitando Mauricio Mancovinsky, a quien le faltaba un brazo.

El barbero pasaba la navaja y, tajo por aquí, tajo

por allá, tomaba la toalla, la mojaba, se la ponía en la cara. Luego, herida por acá, corte por allá. El pobre Mauricio, quietito, esperaba que terminara de una vez por todas.

De repente, mientras le hacía los fomentos, el peluquero lo miró detenidamente y preguntó:

—¿Vos ya estuviste por aquí, no es cierto?

—No, dice Mauricio, el brazo lo perdí en la guerra de los seis días.

56

El turco Chenayeb, petiso fanfarrón, era famoso en el country club sefaradí, no sólo por la guita que tenía sino por la ostentación que hacía de su fortuna.

Tenía la casa más cara y deslumbrante. Cada fin de semana aparecía con un auto nuevo, y se paseaba por las calles del country para que todos lo vieran y comentasen en sus respectivas casas y en el club house cuando jugaban a las cartas, sobre su riqueza y poderío.

Su mujer estaba llena de alhajas, de mal gusto pero carísimas. Compraba de todo y lo hacía saber a todo el mundo. No bien llegaba al country saludaban: "Hola, ¿a que no saben qué auto compramos?, ¿a qué no saben qué cortinas pusimos en casa?, ¿a qué no saben qué equipo de música trajimos?, ¿a que no saben con quién cenamos anoche en un lugar carísimo?, y así con todo.

Un día, jugando al buraco en el Club House, le avisan al turco una muy mala noticia: su hija se convirtió al catolicismo e ingresó en una orden de monjas de clausura.

Con su Mercedes último modelo fue con Pola, su esposa, presuroso hasta el convento, donde recibió la confirmación de la mala nueva por parte de la Madre Superiora, quien los atendió. Furioso dijo el turco:

—¡No es posible que mi hija Sara se haya convertido al catolicismo. Quiero hablar con ella!

—Lo siento, señor Chenayeb, pero no puedo molestar a su hija porque está en oración —fue la respuesta de la religiosa.

—Sarita sabía que tenía los mejores candidatos de la colectividad para casarse con ella, ¿cómo es que se hizo católica y encima monja. ¿Se volvió loca?

—No sabemos, señor Chenayeb, fue decisión de ella —aclaró la monja.

—No puede ser, ella tiene que casarse con el hijo de Moischami, o con Pablito Marmaimon, o con Saúl Sefatle.

—Lo siento señor Chenayeb, su hija se ha casado con Dios.

Cabizbajos volvieron al country andando despacito; sin tocar bocina ni saludar a nadie fueron hasta el Club House. Allí los amigos de Buraco los estaban esperando ansiosos para saber qué había pasado.

El matrimonio Chenayeb se acercó al grupo y Pola dijo:

— ¿A que no saben qué yerno tenemos?

57

A don David el médico le pidió un análisis de orina.

Al día siguiente se presentó, bien temprano, en el laboratorio llevando una damajuana llena de pis.

Cuando lo vieron entrar, la secretaria, el bioquímico y todos los laboratoristas se rieron de la ignorancia del pobre David que llevaba cinco litros para muestra.

—¡Qué bestia! —dijo una de las empleadas.

Al otro día fue a buscar el resultado. Contento entró en su casa y a toda voz exclamó:

—Rebeca, Samuel, Aarón, Shímele, Sarita, Benjamín, ¡estamos todos bien!

58

Termina la ceremonia y el Rabino llama aparte a Salomón Fleimberg:

—Salo, no me dejaste dar la ceremonia tranquilo, alborotaste todo el templo yendo de un lado para otro, haciendo levantar a la gente; metiéndote por debajo de los bancos, haciéndoles caer el kipá a varios judíos que no pudieron orar serenamente... casi todo el tiempo molestando. Tu pobre mujer no sabía cómo hacerte quedar quieto...

—Le explico, Rebe —dijo Salomón—: cuando usted habló del mandamiento que dice: "No robarás", me di cuenta de que me faltaba el paraguas, pensé que me lo habían robado y me puse a buscarlo por todo el templo. Pero después, cuando usted explicó el mandamiento que dice: "No desearás la mujer del prójimo", me quedé tranquilo, porque me acordé dónde había dejado el paraguas.

59

En un vuelo de El Al sobre el Mar Negro, se escucha por el altoparlante:

—"Señores pasajeros, les habla el comandante Teodoro Rosenfeld para comunicarles que tenemos un pequeño desperfecto técnico en la aeronave. Las personas que saben nadar deben ubicarse del lado izquierdo del avión. Las personas que no saben nadar en los asientos del lado derecho".

A los diez minutos:

—"Vuelve a hablarles el comandante Teodoro Rosenfeld: deberemos efectuar un amerizaje de emergencia. Los pasajeros del lado izquierdo, que saben nadar, saldrán por la rampa de escape. Los pasajeros de los asientos del lado derecho, que no saben nadar, deberán permanecer en sus asientos con los cintos de seguridad colocados.

El Al Líneas Aéreas agradece a los pasajeros del

lado derecho la preferencia de habernos elegido, sintiendo mucho no poder tenerlos nuevamente a bordo".

60

—¿Qué es la cuestión ética, papá?

—Mira, hijo —dice el padre— cómo poido explicarte... por ejemplo... vos estás solo atendiendo la mercería, y viene comprar viejita ciega que se equivoca y en vez de pagarte con billete de diez pesos, te da billete de cien pesos, saluda y se va... La coistión ética es: ¿le das o no le das la mitad al socio?

61

Están tres moishes en el bar de Canning y Corrientes:

—Samuel, ¿cómo es eso del golf que está tan de moda, viste, hasta el presidente joiga todo el día?

—Es fácil, con palo se mete pelota en agujero.

—Qué boino, ¿por qué no podemos jugar?, yo pongo palo —dice Jacobo.

—Yo pongo pelota —agrega Samuel.

—Yo no joigo —dice Aarón.

62

La hija le cuenta al padre que se hizo prostituta.

—¡¿Qué es eso, sos hija mía o de quién?! —exclamó furioso David.

—Mirá, papá, yo con este trabajo gano muy bien. Hace dos meses me compré el Fiat Uno; el mes pasado alquilé y equipé el departamento de Santa Fe y Esmeralda; este mes pienso viajar a Europa a llevar unos ahorritos a Suiza...

El padre interrumpe:

—¿¡Te hicistes qué!?

—Prostituta, papá.

—Ah, menos mal. Había entendido protestante.

63

Al gordo Rabinovich, contador de un supermercado en Córdoba, los empleados lo llaman "Sopa Fría", porque la grasa no deja ver el fideo.

64

Un amigo le pregunta a un judío:

—¿Don Jaime, para qué hace ayuno el Día del Perdón, si usted no ha transgredido nada; no tiene pecado alguno para perdonar, usted lleva una conducta ejemplar...?

—Para tener crédito a favor el año que viene.

65

En un vuelo de El Al se escucha por los altoparlantes, a todo volumen en todo el avión:

"Ahora cuando lleguemos a Tel Aviv, me tomo un tecito y le bajo la caña a Sarita".

Sarita, que era una de las azafatas, iba empujando el carrito hacia atrás, sirviendo a los pasajeros, cuando uno que estaba sentado cerca se avivó de lo que le estaba pasando a la pobre Sarita, quien mientras tanto seguía trabajando.

A los cinco minutos:

"Cuando lleguemos a Tel Aviv, me tomo un tecito y le bajo la caña a Sarita".

Sarita se pone colorada y el mismo pasajero la sigue observando. Al rato se vuelve a escuchar: "Creéme, en cuanto lleguemos a Tel Aviv, me tomo un tecito y le bajo la caña a Sarita".

Sarita suelta el carro y sale corriendo hacia la cabina para cerrar el micrófono. El pasajero la intercepta tomándola del brazo y le dice:

—Espere... espere... todavía no tomó el tecito.

66

A Jaime, en el Once, lo cargaban porque era bastante ignorante, pero había ganado mucha plata, y entonces resolvió hacer un largo viaje por el Viejo Mundo para demostrar que tenía las mismas costumbres de la gente culta.

Cuando volvió a los tres meses, los amigos lo estaban esperando en el bar de Once donde se reunían a tomar café. Uno de los amigotes, el ruso Samuel, con tono de suficiencia comenzó a interrogar al viajero:

—¿Dónde estuviste, che?

—Primero en España, viajé por Aerolíneas, después en Francia, de ahí pasé a Alemania, luego fui a Grecia, y por último a Egipto.

—¿Qué tal las ibéricas?

—¿Qué es eso?

—¿Cómo no sabés, las mujeres españolas?

—Simpáticas, muy alegres.

—¿Y qué tal las galas?

—¿Qué son las galas?

—Las mujeres francesas, Jaime, ¿tampoco lo sabías?

—Muy elegantes y finas.

—¿Y las helénicas, qué te parecieron?

—¿Qué son las helénicas?

—Las griegas, Jaime.

—Muy atentas y dispuestas.

—¿Dónde más habías estado, Jaime?

—Ya te dije: en Egipto —responde Jaime.

—¿Y qué tal las pirámides?

Rápidamente Jaime contesta:

—Putas, muy putas.

67

Una jovatona, viuda del barrio de Villa Crespo, viajó a Israel, y andaba paseando por las calles de Tel Aviv mirando cuanto había en las vidrieras, hasta que se detuvo frente a un sex shop. Empezó a observar atentamente los objetos para el placer. Todas las formas para su fantasía, tamaños increíbles. Estaba haciendo agua por todos lados hasta que pensó: "Aquí nadie me conoce, me compro el que más me guste, me lo llevo al hotel y paso una noche fenómena".

Entró en el negocio, se paró frente al escaparate de consoladores, y finalmente dijo:

—Me gusta ese grande, color rojo que está allí al fondo, ¿cuánto cuesta?

—Ése no está a la venta, contestó la empleada, es el matafuego.

68

Rosita Tetosky, de opulentos senos y gran escote, estaba subiendo las escalinatas de la sinagoga cuan-

do el rabino la intercepta:
—Hija, con ese escote no puedes entrar al templo de Dios.
—Pero Rebe, el Derecho es Divino.
—El izquierdo también, Rosita, pero no puedes entrar.

69

Después de muchos años de haber abandonado el golf, Samuel retorna al Ranelagh Golf Club, dispuesto a ganarle hasta a Roberto De Vicenzo.
Estaciona el auto, y cuando va entrando en el Club House se cruza con el turco Carrascal, quien feliz de reencontrarse con Samuel le dice:
—Samy, qué alegría de verte después de tantos años, ¿qué te había pasado que no venías?
—Ya pasó, aclara Samuel, había perdido el tee, pero gracias a Dios ya lo encontré.

70

Samuel Freidemberg llegó una tarde antes de hora a su casa, contento porque al fin había podido comprar un auto, y el comprado era igual al de los Cohen, que envidiaba su esposa. Sube hasta el tercer piso por escaleras, entra en la casa y lleva a Sarita al balcón para que vea el auto diciéndole que ya no serían menos que sus vecinos del segundo piso, porque ellos también tenían un auto igual.

Desde el balcón, quedan fríos al ver que el Renault 18 estaba a punto de ser robado por alguien que insistía en abrir la puerta.

—¡¡Sinvergoinza, ladrón!! —grita Samuel.

—Tirémosle el ropero al desgraciado —propone Sarita.

Con mucho esfuerzo, entre ambos llevan el ropero hasta el balcón, lo pasan por encima de la baranda y se lo arrojan sobre el ladrón, quien por el golpe cae muerto.

Samuel fue apresado por el hecho, juzgado, y sin atenuantes ni agravantes, CONDENADO A MUERTE Y EJECUTADO por homicidio simple.

El alma de Samuel llega al cielo y caminando por allí, un día se encuentra con su vecino Cohen, el del segundo piso, a quien le pregunta qué hacía en el Paraíso:

—No sé muy bien —dice Cohen— yo estaba tratando de abrir la puerta de mi auto, pero parece que me había equivocado con otro igual, y no supe más nada.

Camina un poco más y se encuentra con Rabinovich, el vecino del primer piso, que le comenta:

—Mira, yo estaba en la cama con la casada del tercero, de repente dijo: "¡Llegó mi marido, llegó mi marido!" Me metió en un ropero... y... no supe más nada.

71

Un vecino de Wilde que tenía gallinero, para proteger los huevos de los picotazos de los gallos pensó en comprar falsos huevos de plomo.

Entró en la ferretería de los hermanos Sorokin y, esperando ser atendido, observaba cómo se aproximaba Shímele, un empleado que caminaba lenta y pesadamente desde el fondo hasta el mostrador.

—Oiga, pregunta nervioso el cliente, ¿tiene huevos de plomo?

—No, señor, son callos plantales.

72

Conversan dos judías:

—¡Mi marido es un ángel!

—Qué suerte que tenés, el mío todavía vive.

73

Raquelita, judía de humilde origen, comenzó a trabajar sin decir mucho en casa. De la noche a la mañana empezó a vestirse con ropas mejores y más caras; hasta que un día vino con un tapado de visón. Cuando la madre le pregunta cómo y dónde lo obtuvo, rápidamente contesta:

—Sabés, mami, en la oficina organizaron una rifa

que yo me ocupé de vender. Me quedó un número en el talonario y me saqué de premio un tapado de visón.

A la semana aparece con un Rolex. Cuando la madre le pregunta, le da la misma explicación:

—Sabés, mámele, en la oficina organizaron otra rifa que yo vendí. Me quedó un número en el talonario y me saqué el Rolex.

Luego con un equipo musical carísimo y la misma historia. A la siguiente semana con un Renault Twingo, y la misma explicación.

La madre comienza a sospechar, hasta que se aviva. Un día, cuando Raquelita se estaba bañando, la vieja de atrás de la puerta le dice:

—¡Nena, lavate bien el talonario que necesito una máquina de coser!

## 74

El turco Sabag había salido en la Pathfinder con su novia, y se pusieron mimosos, entrando cada vez más en estado de excitación. Ella le dice que adentro de la camioneta, en Santa Fe y Callao no podían porque de afuera se veía todo. Pero tampoco aguantaban llegar a ningún lado. No daban más.

Él le propone estacionar y ponerse debajo de la camioneta. Allí nadie los vería.

En pleno estado de éxtasis amoroso al turco le golpean la espalda. Se da vuelta y se encuentra con un corpulento de la Federal:

—¿Qué está haciendo? —increpa el policía.

—Estoy arreglando la Pathfinder —responde Sabag.

—¡¡No mienta!! ¡¡Usted está dando un espectáculo inmoral en plena ciudad!!

—Le dije que estoy arreglando la Pathfinder...

—Mire, no me mienta más. Usted no está arreglando nada. Usted está haciendo el acto sexual en plena Avenida Santa Fe.

—No... (insiste el turco), estoy arreglando la Pathfinder...

—Vea, le daré las tres razones para demostrarle que está haciendo exhibiciones obscenas, y no arreglando la Pathfinder como dice. Primero: que si estuviera arreglando la camioneta, estaría boca arriba como su novia, y no encima de ella mirando hacia abajo, como está. Segundo: si estuviera arreglando la camioneta no habría tanta gente mirándolos. Tercero: hace media hora que la Pathfinder fue robada.

75

El matrimonio Rosansky estaba pasando unos días de descanso en un hotel de las sierras de Córdoba. Cuando llega el día de la partida, don Jacobo se acerca al mostrador de recepción y pide la cuenta:

—Aquí tiene, señor Rosansky —dice el hotelero—, son cuatrocientos pesos...

—¿Cómo cuatrocientos pesos? Si quedamos en cincuenta por día y estuvimos cuatro días. ¡Tienen que ser doscientos...! —se queja el judío.

—No, señor Rosansky, son cuatrocientos: cincuenta al día por alojamiento y cincuenta al día por la comida. Cien por día, cuatro días, son cuatrocientos...

—¡Pero nosotros no comimos!

—Lo siento, señor Rosansky, pero la cena estuvo a disposición de los señores pasajeros; si ustedes no la han aprovechado, la casa lo lamenta, pero igual se factura.

—¡Es una barbaridad! ¿Cómo vas a cobrarme por la comida que ni sabíamos que estaba?

—Es así, señor Rosansky, es norma de este hotel; si usted no comió no es problema nuestro... —finaliza el hotelero.

—Bueno tomá doscientos —dice Rosansky.

—Señor, faltan doscientos.

—No. Son doscientos —agrega Rosansky—, porque te descointo servicio de Sarita, mi mujer, que cobra cincuenta por cada noche de amor, y estuvo a tu disposición durante las cuatro noches. Si vos no la aprovechaste no es problema nuestro...

76

Un judío soñó toda su vida incorporarse como

marinero y viajar por los mares del mundo, pero lo acobardaba tener que pasar mucho tiempo sin una mujer.

Su vocación marina lo llevó un día al puerto para ver qué vacantes se ofrecían. En cada cartel que pedían marinero preguntaba el destino:

Japón, seguía caminando; Alaska vía estrecho de Magallanes, ni pensar; Australia pasando por el canal de Panamá, ni soñando. De pronto en un barco de bandera israelí un cartel decía:

"Se necesitan marineros. Destino Israel. Sexo todos los días."

Se acerca tímidamente y pregunta si necesitan marineros y si era cierto lo que decía la última parte del cartel. Lo invitan a subir al buque y le señalan:

—Ve ese barril, fíjese que tiene un agujero. Pruebe a ver qué tal le parece.

Va, introduce por el agujero, y le gusta. Se dirige al capitán para hacerle saber que estaba satisfecho y que aceptaba incorporarse como marinero.

—Boino —dice el capitán judío—, a usted le toca lunes, miércoles, joives, viernes, sábado y domingo.

—¿Cómo, y el martes? —pregunta el interesado.

—Sí, el martes también —responde el capitán—, adentro del barril.

77

Dos judíos van caminando por la playa y ven una almeja.

—Es mía —dice Aarón.

—No, es mía, yo la vi primero —acota David.

—No, yo la vi primero —replica Aarón.

—No, fui yo quien la vio primero.

En ese momento ven pasar a un rabino. Deciden someter la cuestión a la autoridad del rebe. Luego de expuesto el caso, el rabino sentencia:

"Una cáscara para Aarón, otra cáscara para David. El bicho es mío".

78

Una persona que había participado de un choque de automóviles en la esquina de Sarmiento y Larrea necesitaba tomar los datos del otro vehículo y del conductor. Pregunta a alguien del lugar dónde puede comprar un block de papel:

—Mire, allí enfrente está la papelería de Jacobo, pero no se lo aconsejo, es muy pesado, obsesivo, hasta pegajoso, lo va a tener todo el día. Mejor vaya a otra librería que hay pasando Corrientes, a una cuadra sobre la derecha.

"¿Para qué voy a ir hasta Corrientes y una cuadra más por un block de papel?" (razona). "Mejor voy aquí enfrente antes de que se me escape el que me chocó". Entra en lo de Jacobo:

—Buenas tardes, por favor deme un block de papel. Disculpe, pero estoy apurado.

—Poide ser de papel blanco, de papel amariyo o de papel celeste.

—Cualquiera. Es para anotar unos datos.

—Boino, poide ser rayado, cuadriculado, pentagramado o liso.

—Cualquiera, el que tenga más a mano.

—El block, ¿lo querés pegado, encuadernado o aniyado?

—Le dije que cualquiera, estoy apurado.

—Poide ser papel de 60 gramos, de 70 gramos o de 80 gramos.

—Vea, no es para pesarlo, ¡deme cualquiera!

—¿Te gustaría en papel tipo obra o te gustaría en papel ilustración?

—Me es indistinto.

—¿Lo querés marginado o sin marginar?

—Necesito anotar unos datos, rápido por favor.

—¿Lo vas a querer para encarpetar o guardar suelto? Porque hay algunos que vienen agujereados para encarpetar, son muy lindos, te moistro...

—Por favor cualquiera.

—¿No te gustaría uno que acabo de recibir con hojas que sirven para el fax?

—Por favor, rápido.

—¿Vos ya estuvistes antes acá...?

En ese momento entra una persona con un inodoro al hombro y dice:

—Mirá, Jacobo. ¡El culo ya te lo mostré y el inodoro es éste: así que por favor vendeme de una buena vez ese papel higiénico que tenés allá arriba!

79

Un judío sube al 168 en Once y se ubica en un asiento de los dobles. En uno se sienta él y en el otro pone un paquete envuelto en papel de diario. El colectivo se va llenando, hasta que queda ese único asiento, el que tiene el paquete, sin ocupar. Un pasajero que estaba parado se acerca y se pone en posición de sentarse cuando el judío le dice:

—¡Cuidado con los goivos!

El hombre se queda esperando, pero seguidamente se prepara otra vez para sentarse:

—¡Cuidado con los goivos!

El pasajero le reclama:

—¡Bueno, señor, saque los huevos!

—No son goivos, son alfileres.

80

—¿Isidoro, te acuerdas cuando nos encontramos en la entrada del cine, y yo estaba con Rebeca, mi mujer, y te conté que es muy miedosa y que a la noche me hacía levantar a cada rato porque escuchaba ruidos? ¿Y te acordás que vos le dijiste que no me hiciera levantar más cuando escuchaba ruidos porque los ladrones no hacen ruidos?

—Sí, me acuerdo. ¿Qué pasa?

—Pasa que metiste la pata. Ahora me hace levantar cada vez que no escucha ruidos.

## 81

Samuel Grimberg tenía un hotel en San Bernardo. Llega un matrimonio que en el desayuno pide dos cafés con leche y seis medialunas.

Samy les dice que no es temporada y que no tiene medialunas pero que les puede ofrecer pan con manteca. Los turistas aceptan. Al día siguiente los pasajeros piden nuevamente café con leche con medialunas. Samy les vuelve a decir que no tiene medialunas, que les servirá pan con manteca, lo que así sucede.

Al otro día, cuando le piden café con leche y medialunas, Samy les insiste en recordar que, fuera de temporada, no tiene medialunas y que les ofrecerá como los días anteriores, pan con manteca.

El último día, los pasajeros, conocedores de las limitaciones del hotel de Samy fuera de temporada, se sientan y piden el café con leche y pan con manteca. Samuel sorprendido exclama:

—¿Qué les pasa, hoy no quieren medialunas?

82

Un judío sefaradí muy fanfarrón y soberbio que regresa al Aeropuerto de Ezeiza se pasa todo el tiempo mirando la ficha de migraciones sin saber cómo llenarla. Una empleada de la aeroestación, muy buena moza, al verlo perdido con el papel en la mano le ofrece ayudarlo:

—¿Nombre?

—Benjamín Marmaimon.

—¿Nacionalidad?

—Argentina.

—¿Profesión? —requiere la empleada.

—Financista.

—¿Edad?

—Treinta años.

—¿Sexo?

—¡Grandísimo! —dice el turco.

83

Por las calles de Once:

—Shalom, Jacobo.

—¿How do you do?

—¡¿Qué?!

—How-do-you-do, Samy?

—¿En qué hablás, che?

—En inglés, Samuel. Yo no soy ignorante como vos. Yo compré radio con onda corta y escucho todos los días las lecciones de inglés de la B.B.C. British Broad Casting, Samy, y ya estoy hablando inglés. Ves, Samuel, yo soy más culto y refinado que vos.

Samy, humillado por Jacobo, se fue inmediatamente a comprar la más cara radio con onda corta. "Éste no me va a joder", pensó. "Yo también voy poner onda corta y aprender inglés con la B.B.C.". Así lo hace y espera encontrarse con Jacobo para demostrarle.

A la semana se vuelven a cruzar. Jacobo como siempre, agrandado, saluda a Samuel:

—How do you do, Samy.

Samuel responde:

—Ui, uhi, uuhi, ouuhi...

84

Marcos Blumenfeld tenía por costumbre el regateo. No compraba nada sin pelear, por lo menos, media hora o cuarenta minutos el precio de cada cosa.

Un día se estaba probando unas ropas en una tienda cuando su mujer, ya fastidiada le dijo:

—Dale, Marcos, son las siete; regateá y vamos que estoy cansada.

85

Charla entre dos judías:

—Hace dos meses que me casé y me parecen diez años.

—Yo en cambio hace un año y me parecen cinco minutos.

—¡Qué suerte tenés...! ¿Cinco minutos?

—Sí, cinco minutos abajo del agua.

86

Un judío le cuenta a otro:

—Toda la vida añoré el reloj de bolsillo de mi bisabuelo. Cuando yo era chico y mi bisabuelo murió, se lo dejó a mi abuelo. Yo seguía admirando el reloj. Tres tapas, cadena; toda una belleza; todo un invalorable recuerdo familiar...

Cuando murió mi abuelo, el reloj pasó al cuidado de mi papá. Yo le pedía que me dejara lustrarlo. Me acuerdo que esperaba todos los días hasta las diez de la noche para darle cuerda. Siempre traté de ser custodio de la tradición familiar que simbolizaba ese reloj...

Cuando mi papá estaba enfermo, yo le pedí que me dejara ese reloj. Papá nunca se definió.

Cuando papá se agravó, me acerqué una vez más a su lecho y le insistí en que me diera el reloj. Todos los días le recordaba que ese reloj debía ser mío. Que yo era el único descendiente capaz de apreciar y valorizar ese reloj que había marcado el tiempo de los hombres de la familia...

Cuando papá estaba ya moribundo, le insistí en el reloj y no me contestaba. Estaba como ido, estaba ya como alejado de todo, inconsciente, casi muerto, pero de pronto recobró un poco de ánimo, y finalmente... me lo vendió.

## 87

Diálogo entre esposos:

—Mauricio, ¡en diez años de casados nunca me compraste un vestido...!

—En diez años, nunca supe que vendías vestidos.

## 88

Un judío muy feliz va a ver al rabino y le cuenta que está gozoso de alegría porque su mujer tuvo un hijo varón.

—¿Estás tan contento porque es el primer hijo? —pregunta el rabino.

—No, es el quinto, pero es varón, y estoy feliz porque ahora sí que está asegurado el apellido —dice el orgulloso padre.

—¿Y cuál es tu apellido? —pregunta el rabino.

—Cohen.

89

En un restaurante de Punta del Este estaba cenando el matrimonio Coldowski, cuando entra una rubia de lo más llamativa y sensual, se acerca a la mesa, le da un beso a Mario y comienza a hablar:

—Encanto, estoy feliz de haberte encontrado en Punta... necesitaba decirte que el Rolex que me pusiste para mi cumple me tiene alucinada, mis amigas están muertas de envidia. Además, no sabés cómo las mato cuando les muestro nuestras fotos en el Hotel Lido de París, cuando le dijiste a la bruja que ibas a la convención de empresarios; y ayer la cupé BMW que me regalaste enloqueció a todo el barco. Es tan recopante que cuando la subí, casi se hunde con semejante auto. Ni el Buquebús se lo banca. Te das cuenta: ¡sos un genio man, te re-adoro, baby! ...Decime che, esta gorda... ¿es tu esposa?

Raquel Coldowski explota:

—¡Mario, sos un hijo de puta! Tenías amante y me lo ocultaste; me tomaste por estúpida. Hacerme esto a mí. Mientras yo me creía que estabas trabajando en la convención, te paseabas por París con esta atorranta. Yo me cuido en los gastos y vos regalando Rolex, BMW, viajes y no sé cuántas cosas más. No tenés perdón. Mañana mismo volvemos a Buenos Aires. ¡Yo me divorcio, sabés! No voy a admitir ser una cornuda consciente, sabés. ¡Te vas de casa ahora mismo! Te voy a hacer un terrible juicio de divorcio, alimentos y todo... ¡te voy a reventar, Mario!

—Esperá Raquel, tranquilizate —insinúa Mario—, a vos nunca te faltó nada. ¿Para qué juicio? ¿Para darle de comer a los abogados? ¿Para qué separación? Es una estupidez. ¿Vas a vivir con los quinientos pesos mensuales que te fijen de cuota alimentaria? ¿Vas a cambiar el estándar de vida que llevamos hace veinte años? ¿O te olvidas que vos también tenés un BMW, cómo lo vas a mantener?; ¿te olvidás que dos veces por año viajamos a Europa y te comprás toda la mejor pilcha que sale y que siempre llegamos a Ezeiza con más valijas que Zulemita?; ¿te olvidás que te pasás todo el verano en Punta del Este y que en invierno vamos a esquiar a Las Leñas. ¿No tenés acaso la tarjeta Visa Oro. La American Express Gold, la Master Platinium, la Diners, las chequeras de las cuentas de Buenos Aires, de Uruguay, de Miami, de Zurich? ¿Te olvidás lo que cuesta mantener tu vestuario; que nunca te ponés dos veces la misma ropa? ¿No tenés en cuenta que los chicos van al colegio más caro del país y que vos gastás en modista, peluquería, joyería, cosméticos y personal a tu servicio, más de diez mil dólares por mes?... ¿Pensaste qué vas a hacer si te separás?... ¿Vas a vivir de la cuota alimentaria de quinientos o seiscientos pesos mensuales...?

En ese preciso momento entra una pareja al restaurante:

—¿Che, ése es Alberto? —pregunta Raquel.

—Sí, es Alberto —responde Mario.

—¡Pero ésa no es Dorita, su mujer! —agrega Raquel.

—No, es la amante —responde Mario.

—Ah... ¡la nuestra es mucho más linda! —admite Raquel.

90

El matrimonio Coldowski no andaba muy bien. Pero eran muy educados y respetuosos. Nunca un sí ni un no. Nunca una palabra fuera de lugar. A pesar de que entre ellos no había diálogo, por notas escritas se comunicaban todas las necesidades. De modo muy culto y elegante.

Ella escribía una nota que decía: "Mario, dejame quinientos dólares que tengo que pagar al peinador". Y él le dejaba los quinientos dólares junto al papel de la nota.

Él le dejaba una nota que decía: "Raquel, tengo reunión de directorio en la financiera, por favor preparame traje azul marino con corbata y zapatos al tono". Y ella se lo preparaba como se lo había solicitado.

"Por favor, dejame setecientos cincuenta dólares para pagar profesor de tenis. Firmado: Raquel". Él se lo dejaba.

"Raquel: día miércoles 21 horas función de gala en el Colón con esposas. Ruégote estar lista 20 horas, remise pasará a buscarte. Nos encontraremos en escalinatas calle Libertad, hora 20.30. Firmado: Mario." Y así siempre.

Una vez Mario tiene que viajar y le deja a Raquel una nota que dice: "Mañana viajo a Mendoza. Tomo avión de 7.50 horas. Favor despertame 6.00 horas. Firmado: Mario".

Al día siguiente Mario se despierta, solo, mira el reloj, son las 8.00. Insulta a todos los dioses... pero luego ve un papel en su mesita de luz que dice:

"Mario, ya son las 6.00 Levantate. Firmado: Raquel".

91

Cuando cumplen cuarenta y un años de casados, Rebeca le pide a Abraham que le regale una parcela en el Cementerio Memorial; buena ubicación con vista a la Panamericana. Tanto insiste que él se la compra.

Al año siguiente Rebeca le echa en cara que para el cuadragésimo segundo aniversario, por primera vez Abraham se olvidó de hacerle el regalo de casados.

—No me olvidé del regalo —justifica Abraham—, pero todavía no usaste el que te hice el año pasado.

92

En el lecho, moribundo, estaba don Simón Goldemberg acompañado de su familia que estaba allí, junto a él, para la triste despedida. Don Simón, con su último aliento, pregunta:

—Samuel, hijo mío, ¿estás conmigo?

—Sí, papá —contesta mientras controla el llanto.

—Mauricio, hijo querido, ¿estás acá?

—Sí, tátele, estoy a tu lado.

—Sarita, hija preciosa de papá, ¿estás aquí?

—Sí, papito —y se larga a llorar desconsoladamente.

—Benjamín, hijo mimado de papá, ¿estás conmigo?

—Sí, papito —y también se larga a llorar.

—Rebeca, compañera fiel, ¿también estás a mi lado en el último momento de mi vida?

—Sí, mi amor.

—Entonces, ¿quién está en la tienda?

93

A Jacobo Goldstein se le muere su hermano gemelo. A los cuarenta días en el templo otro paisano se le acerca y le pregunta:

—¿Cuál es el que murió de los Goldstein, vos o tu hermano?

94

—Papá, anoche soñé que me regalabas mil dólares.

—¡Qué alegría, hijo! Podés quedártelos.

95

Al consultorio de un prestigioso pediatra judío, concurre una señora con su hijo. La mujer le hace saber al médico que el pequeño tiene dolor de garganta.

—Desvístalo y póngalo en cuatro patas en el medio del consultorio —indica el médico.

La madre, sorprendida, pero respetuosa, desviste a su hijo y lo hace poner en cuatro patas.

—Ahora póngalo allí —dice el médico señalando un ángulo de la sala.

—Ahora, a ver, acérquelo a la ventana —vuelve a indicar el médico.

—Bueno, ahora más cerca de la puerta...

—¡Eh, doctor —dice la mujer ya ofendida—, traje a mi hijo por un dolor de garganta y me lo hace pasear en cuatro patas por todo el consultorio...!

—Lo que pasa —aclara el médico— es que hoy me traen una mesita ratona y quiero ver dónde la ubico...

96

En las escalinatas de una iglesia católica había dos hombres pidiendo limosna. Uno con un cartel que decía: "Ayude a este pobre cristiano", y el otro con un cartel que decía: "Ayude a este humilde judío".

En la lata del cristiano no cabía ni una monedita. Todos los que pasaban le ponían plata o monedas, pero en la del judío, nada.

Una viejita muy amable se acerca al judío y dulcemente trata de convencerlo de que ése no era el lugar más adecuado para él; que para un judío era mejor pedir limosna en las escalinatas de un templo judío, donde los otros judíos seguramente lo irían a ayudar; que ése no era un lugar indicado para recibir ayuda caritativa, porque en la iglesia había sólo cristianos, y que las cosas no estaban para darle limosna a los dos, y que la gente católica, lógicamente, por más buena que sea, iba a preferir darle a un cristiano y no a un judío.

Cuando la señora se va, el judío le dice al otro mendigo:

—Viste, Samuel, quiere enseñarnos a hacer negocio a nosotros.

97

Un judío entra en la habitación de su hijo y pregunta:

—¿Hijo, estás mirando televisión?
—No, papá.
—¿Estás leyendo?
—No, papá.
—¿Estás contando plata?
—No, papá.
—¡Derrochón!, ¿entonces por qué estás con los anteojos puestos?

98

Un judío se descompone viajando en el tren y vomita sobre la ropa de una persona que dormía en el asiento de enfrente.

El judío, como si nada, sigue leyendo el diario, hasta que en un momento el hombre que dormía se despierta, y al verse todo enchastrado va a increpar al judío, quien con voz solidaria y bondadosa le pregunta:

—¿Ya te sentís mejor?

99

Una judía sabía que iba a morirse; encomienda a un pintor que le haga un cuadro. Terminado el cuadro le pide al artista que le agregue un gran collar con brillantes y perlas. Luego una gruesa pulsera, importante en oro y piedras, y días más tarde que agregue al cuadro unos aros finísimos. El pintor le pregunta por qué quiere tantas joyas en el retrato:

—Mire, yo sé que en poco tiempo voy a morirme y que mi marido enseguida se va a casar con su amante. Me divierte pensar que va a tener que darle explicaciones a esa atorranta, cuando no encuentre por ningún lado las joyas del cuadro.

## 100

Los hermanos Tenenbaun, fabricantes de corbatas, habían confeccionado una cantidad grandísima de prendas color verde y violeta, a pedido de un club que quebró. Se quedaron con las veinte mil corbatas y con una impagable deuda bancaria por el fracaso comercial.

Un buen día aparece un brasileño con intenciones de comprar todas las corbatas para un club de fútbol. El brasileño cierra el negocio, pero establece que el contrato seguirá firme siempre y cuando no envíe un telegrama antes del 31 del mes, dejando sin efecto la operación.

Si el telegrama no llegaba, el negocio quedaba formalizado. Con esa venta, los hermanos Tenenbaun se salvaban: pagaban el descubierto del banco, devolvían a los amigos, saldaban la cuenta con Carlitos Maggio, el confeccionista de corbatas, se ponían al día con los sueldos, y hasta les quedaban unos pesos para pagar las expensas atrasadas de la SHA (Sociedad Hebraica Argentina).

Día a día los hermanos se preguntaban si no había llegado el telegrama. Y gracias a Dios, nada. Así pasa el día 24, el 25, el 26, el 27, y los plazos se iban acortando, llega el 28 y nada, el 29 tampoco, el 30 a fin de tarde se suspira.

El 31, cuando ya estaba terminando la jornada suena el timbre y gritan: "¡Cartero!".

—Mejor andá vos —dice Samuel a Jacobo—, yo tengo la presión alta y puede pasar lo peor, mientras esperaba cerrando los ojos y con los dedos cruzados.

Vuelve Jacobo con el telegrama abierto y le dice a su hermano:

—Tranquilizate, Samuel: telegrama avisa que murió mamá.

## 101

Berta y Judith son suegra y nuera respectivamente. Berta ama a su hijo pero cela de su nuera, como debe ser para una buena ídishe mame.

Sin embargo Berta, que el día anterior había escuchado hablar de la reencarnación, busca informarse y entabla con su nuera este diálogo:

—Decime una cosa, Judith —pregunta la suegra a la nuera—, ¿qué sabés vos de la reencarnación?

—Y, por ejemplo, si yo me muero mi alma sale del cuerpo y después de algún tiempo puede alojarse en otro ser vivo, por ejemplo una rata...

—Difícil, che. No podés ser dos veces la misma cosa.

## 102

Jaimito Goldemberg fue echado por problemas de conducta de todos los colegios de la colectividad. Ya había recorrido todos sin permanecer por más de un mes en cada escuela. Finalmente, sin ninguna alternativa más, Samuel y Berta Goldemberg deciden mandarlo a un colegio católico.

Pasa un mes y nada. Dos meses, y nada. Tres meses, y sin novedad.

Finalmente el padre, extrañado, visita la dirección del establecimiento para interiorizarse sobre la conducta de Jaimito:

—¡Ejemplar! —dice el cura director.

Ya en casa, lo esperan casi para matarlo:

—Te mandé a todos los colegios de la colectividad y te echaron. Quedamos mal con todos los paisanos. Nos hiciste pasar vergüenza con todos los judíos y ahora, en la escuela goy sos ejemplo...

—Mirá, papá —dice Jaimito—, con éstos no se jode; ya el primer día me asustaron cuando me llevaron a la capilla, y el cura me dijo: "Ves ese que está en la cruz, era un judío crucificado por revoltoso".

103

Murió el tío del turco (judío sefaradí) Cherem y dejó a su sobrino la cuantiosa fortuna. Casas, negocios en el Once, velero, piso en Punta del Este, Mercedes Benz, cuenta en Suiza, avioneta, etc., etc.

Bertita, contenta pero insegura le pregunta al turco:

—¿Después que cobrés la herencia de tu tío, igual me vas a querer?

—¿Y por qué no voy a quererte? Hasta creo que te voy a extrañar.

104

El turco Yebne, fanfarrón como él solo, iba con su mujer desde Punta del Este hacia Montevideo. A la altura de Punta Ballena, detuvo el auto a un costado de la ruta, se bajó y parado, con el brazo apoyado en el techo del Mercedes, se quedó mirando un largo rato hacia la península...

—¿Qué hacés? —preguntó su mujer desde el interior del vehículo.

—Quiero ver qué tal es Punta del Este sin mí.

105

Jaime llega por la madrugada a su casa totalmente

borracho. Su hijo, que estaba levantado, le dice:

—¡Papá, qué hermosa borrachera que tenés!

—No le digas nada a tu madre, seguro que algún defecto le va a encontrar.

106

Sara y José llevan de paseo al pequeño nietito. En la plaza, José le da un caramelo al niño. Pasa un tiempo y Sara pregunta:

—¿Cuánto hace que le diste el caramelo al nene?

—Se lo di a las seis, son las siete.

—¿No te parece que ya es hora de que le saques el papel?

107

En una reunión. Samuel a Jacobo:

—Jacobo, amigo mío, qué desgracia. Me enteré de que se incendió tu fábrica.

—¡Callate, che!, se incendia la semana que viene.

108

Don David Liberman está parado en una esquina y mira de arriba abajo a una muchacha muy atractiva.

—No te hagas ilusiones, viejito, soy lesbiana —dice la joven.

—Qué importa, si yo también soy extranjero —responde David Liberman.

109

—¿Por qué ustedes, los judíos, siempre contestan una pregunta con otra?

—¿Y eso quién lo dijo?

110

Un judío invita a otro a comer a su casa. Su mujer ha preparado una comida cosher excelente; se muestra muy atenta y dispuesta a recibir al amigo del marido. El marido se dirige a ella con toda dulzura: "Mi cielo, ¿me podés alcanzar tal cosa?" "Amor mío, serías tan divina para..." "Hermosa, tu café está maravilloso...", y así todo.

—Qué bárbaro, che, qué bien que tratás a tu mujer —dice el invitado—. ¿Cuánto hace que están casados?

—Treinta años, pero la trato así porque no me acuerdo cómo se llama.

111

—¿Por qué ustedes, los judíos, no usan Redoxón?
—Porque es de-Roche.

112

En una galería de Once:
—Che, Jaime, mirá esa hembra... ¡cómo me la voltearía!
—Pará viejo, es mi mujer.
—Pagando, se entiende, pagando.

113

Rebeca se le aparece a Jacobo —su marido— completamente desnuda en actitud seductora. Jacobo, extrañado, dice:
—¿Qué estás haciendo, Rebeca?
—¿No ves que estoy con la ropa de Eva en el Paraíso?
—¿No sería mejor que le dieras una planchadita?

114

Raquel le pregunta a su esposo:
—El viernes cumpliremos veinticinco años de

casados, ¿cómo vamos a celebrarlo, Mario?

—Con un minuto de silencio —contesta Mario.

115

Mauricio Cohen iba a todas partes con su esposa. A pesar de ser horrible, petisa, gorda, despeinada, con mal aliento, bruta, sucia, etc., Mauricio la llevaba al negocio, al banco, a la DGI, al bar donde se reunían los amigos, en fin, a todos lados.

Un día, los amigos juntaron ánimo y quedaron en que Jaime, el más sinvergüenza, le preguntaría por qué andaba siempre con ese espanto de mujer para todas partes:

—Mauricio, vos sabés que tus amigos te apreciamos mucho, y te queremos bien, pero sorprende que siempre estés con tu mujer. No lo tomés a mal, pero no te queda muy bien que esté a tu lado todo el día. La pobre es muy buena, pero de linda no tiene nada...

—Ya lo sé, Jaime —dice Mauricio—. ¿Pero vos te imaginás si tuviera que darle el beso de despedida?

116

Dos judías en el country:

—Sarita, vos que sabés de filosofía, ¿qué es la eternidad?

—Cómo puedo explicarte Judith... Eternidad es el tiempo que transcurre entre mi orgasmo y el de mi marido.

117

Al vestuario de mujeres del Club House del Country SHA (Sociedad Hebraica Argentina), equivocadamente entró un hombre desnudo. Cuando se dio cuenta de dónde estaba, se tapó la cara con la toalla que llevaba en la mano para no ser reconocido. En ese momento, en el vestuario había tres judías duchándose y comentaron:

—Mi marido no es —dijo una.

—Tenés razón, tu marido no es —dijo otra.

—Tampoco es socio del club —agregó la tercera.

118

—Sabés, Benjamín, qué desgracia, tengo un hijo invertido.

—¿Desgracia, por qué? ¿No cobrás intereses?

119

—Sabés, Jacobo, vi a tu mujer tomando sol desnuda en la terraza. Estaba como una "y" griega.

—¿Cómo es eso?

—Con las dos piernas abiertas...

—Yo también vi a tu mujer en la terraza tomando sol desnuda, y como una "i", pero latina.

—¿Cómo es eso?

—Con un punto encima.

## 120

Una vidente le dice al judío que la consultaba:

—En cuestiones de amor, veo en vos cierta inestabilidad, es como si amaras mucho a una mujer, pero de a poco vas desilusionándote, vas desalentándote, es como que vas perdiendo interés...

—Bueno —replica el judío— menos mal que conservo el capital.

## 121

Llega Jacobo a la casa y se encuentra a Sarita con otro en la cama.

—¿Esto qué es?

—Mirá, Jacobo, cuando hace un año nos estaban por rematar la casa, éste fue el que pagó la hipoteca al banco. Cuando a los chicos no los querían tomar en la schule por la deuda de dos años, fue éste el que puso al día el colegio. Cuando vos estabas internado, ¿te acordás que no podíamos pagar la cuota de

Isramed? ¿Sabés quién la pagó? Cuando no podías seguir haciendo el corretaje porque el auto no daba más, ¿sabés quién puso la diferencia para comprar el Duna gasolero?

—Pobre hombre —dice Jacobo—, ¡tapale los pies a ver si se resfría!

122

Un moishe que se había tirado una canita al aire con una empleada de la tienda un día de lluvia se olvidó el paraguas en el albergue transitorio. Cuando volvió para recuperarlo, se encontró con que la habitación ya estaba ocupada por otra pareja. Desde atrás de la puerta escuchaba:

—¿De quién es esta boquita?... ¿De quién es esta bombachita?... ¿De quién es este corpiñito?

El judío, antes de que se adjudicaran todo lo que había en el cuarto, se apresuró a aclarar:

—Cuando lleguen al paraguas avísenme porque es mío.

122

El muchacho judío había salido por primera vez. La madre estaba que se moría porque no sabía con quién iría a estar su hijo. A la mañana siguiente, doña Pola se levantó bien temprano y fue a revisar la ropa del muchacho. Metió la mano en el bolsillo del traje, encontró un lápiz de labios en el que leyó: ELENA RUBINSTEIN.

—¡Ah menos mal! —exclamó tranquila—. Es paisana.

123

Se encuentran en la plaza Pola y Rebeca:

—¡Qué bien que estás! Se te ve muy alegre...

—Sí, es que vengo de llevar a mi nieta al médico. Estoy orgullosa, me dijo que tiene pie de atleta.

124

Indicaciones de la madre a los hijos:

—Yo tengo que salir y ustedes se van a quedar solos en casa. No abran la puerta a nadie. Si tienen frío se acercan a la estufa, y cuando no aguanten más, pueden encenderla.

125

El judío, luego de hacer el amor con su empleada entra al baño del transitorio y se pasa allí largo rato. Alicia, preocupada por el tiempo que Samuel permanecía encerrado, golpea la puerta e ingresa. Ve que el moishe estaba fregando el preservativo con jabón y abundante agua.

—¿Qué hacés con el profiláctico?

—Lo estoy lavando, despois tengo que secar y enrollar como estaba antes.

—Sos loco, un preservativo no vale nada, se tira.

—No poido tirarlo... es del club.

126

En la tienda, donde estaba el matrimonio con el niñito de dos meses:

—¿Rebeca, por qué llora tanto noistro bebé?

—Pobrecito, te vio justo cuando dabas un vuelto, Jacobo.

127

Dos viejas judías están haciendo una denuncia de robo en la comisaría de Once:

—Eran dos grandotes, señor oficial. Uno me agarró a mí, otro a Rebeca, y el que me agarró a mí despois por poco me mata...

—¿Cómo es eso de que por poco la mata, señora?, en ese caso debo ampliar la denuncia por Robo en Concurso Real con Homicidio en Grado de Tentativa... ¡Explíqueme por favor!

—Mira, oficial, en un momento me dijo: "Judía de

mierda dame la guita y dale gracias a Dios que sos una vieja chota, porque si no te echaba un polvo que te mataba".

128

—Papá, dame veinte pesos que voy a salir.

—Derrochón, ¿para qué querés diez pesos si con cinco te alcanza? Tomá tres y traéme el vuelto.

130

Samuel Goldstein, un moishe bueno, muere y va al cielo. Lo reciben y le preguntan si había sido infiel a su mujer en la vida terrenal:

—Nunca. Jamás. Ni siquiera con la mente. Nunca he mirado a una mujer que no sea mi amada Esthercita. Para ella fueron mis pensamientos, mi trabajo, mi tiempo... todo.

—Para ti —le dice San Pedro— habrá un Mercedes Benz para que puedas recorrer con comodidad y lujo el Paraíso que te has ganado...

Paseando con el Mercedes se encuentra con un viejo conocido de Once, el atorrante José Pockar, manejando un Fiat 147.

—Y bueno, qué voy a hacer, este Fiat es una mierda —dice José— pero vos sabés que las mujeres eran más fuertes que yo. A mi mujer la quise siempre, pero una pierna era una pierna. Las empleadas de la tienda, cuando llegaba la primavera se ponían tentadoras. En cambio vos, Samuel, siempre un ejemplo de corrección y familiaridad. Te ganaste el Mercedes.

Orgulloso, Samuel se despide de José, y acelera el potente Mercedes, siempre sereno y con la conciencia en paz.

Días más tarde se vuelven a encontrar José Pockar con su Fiat 147 y Samuel Goldstein con el Mercedes. Samuel estaba muy mal. Casi lloraba. Estaba que ni veía. José le pregunta a Samuel qué le pasa que está tan mal teniendo en cuenta que lo premiaron con un Mercedes:

—Cómo querés que esté —responde Samuel— si vi pasar a Esthercita, el amor de mi vida, manejando un sulky.

131

En el club judío:

—Sabés, Jacobo, lo pensé bien; no voy a fabricar más paracaídas, voy a fabricar preservativos.

—¿Por qué, Marcos? ¿Es mejor negocio?

—Es mejor negocio. Pero además me divierte pensar que si hay falla de fábrica no sólo no muere nadie, sino que hasta puede nacer otro judío.

## 132

La maestra llama a los padres de Jaimito Flidemberg muy preocupada por la obsesión sexual del alumno:

—Esta semana dibujé esto en el pizarrón: "1", y pregunté a la clase qué número era; enseguida Jaimito dijo que no era ningún número, que eso era un pene erecto.

Después dibujé: "0", y también pregunté qué número era; inmediatamente Jaimito dijo que eso es el orificio vaginal.

Finalmente dibujé en el pizarrón un "10", y también, ansioso, Jaimito dijo que era un pene con una vagina al lado...

—También, ¿qué quiere señorita? —replicó don Elías, el padre de Jaimito—, ¡con las porquerías que le dibuja...!

## 133

Se confirmó que Jesús, además de judío era sefaradí: en la última cena dijo a los Apóstoles "Esta mesa es invitación mía", y pagó la cuenta con un cheque sin fondos.

134

—Me enteré de que estás ganando mucha plata, Marcos, con la fábrica de marroquinería. ¿Qué fabricás?

—Encontré la forma de hacer prendas sin costo. Negocio bárbaro: el rabino me guarda los pedacitos de piel de prepucio de los bris de cada semana. Con eso hago unas billeteras que si las frotás un poco se transforman en portafolios.

135

Jacobo llega a la casa y se encuentra con Rebeca en la cama con otro:

—¿Qué hace ese hombre en mi cama?

—Maravillas, Jacobo, maravillas...

136

—¿Qué te pasa, Isaac, que te veo tan preocupado?

—Ando con un trilema.

—¿Trilema? ¿Qué es eso?

—Vos sabés. Jacobo me debe mil dólares desde hace veintitrés años... Y bueno, ayer fui a la casa a pedirle que me pague. Jacobo no estaba, pero Rebeca me dijo que pase a esperarlo. Me sirvió un té, se puso a hablar de poesía y de amor, y finalmente nos metimos en la cama.

Estábamos en lo mejor cuando sentí que algo me iba entrando despacito. Era Jacobo que había llegado cuando yo estaba boca abajo, desnudo; y... no fue tan malo...

—¿Y cuál es el trilema?

—Que tengo ganas de ir a la casa de Jacobo, pero no sé si es por los mil dólares que me debe; si es para que Rebeca me vuelva a meter en su cama, o para que Jacobo me encuentre desnudo boca abajo.

137

Mauricio, finalmente, después de varios años de lances infructuosos, logró poner de espaldas a Alicia, la cajera de la tienda.

Pero la cosa estaba difícil, no la podía penetrar; cada vez que Mauricio empujaba, ella levantaba las rodillas hasta los hombros. Ansioso, pregunta:

—¿Qué te pasa, Alicia, que cada vez que empujo levantás las rodillas? ¿Te duele mucho?

—No, qué me va a doler. Pasa que no me diste tiempo de sacarme las medibachas.

138

En el country:

—Sarita, vos que sos psicóloga y sabés, decime, ¿los pobres disfrutan del sexo igual que nosotras?

—Claro, Susy.
—Entonces, ¿de qué se quejan?

139

Se encuentran dos amigos judíos:
—¡José, amigo mío, tanto tiempo! ¿Cómo te va?
—Más o menos, poido pagar alquiler departamento, y a veces expensas. ¿Y a vos, cómo te va?
—¡Bárbaro!
—Y ¿a qué te dedicás?
—Tengo un prostíbulo en Once.
—¿Y con prostíbulo te va tan bien?
—No es un prostíbulo cualquiera. ¡Es flor de prostíbulo! Tres pisos. Primer piso: jovatonas; segundo piso: chicas jovencitas; y tercer piso: homosexuales.
—¡Qué bárbaro, che, te felicito!
—Gracias..., pero los comienzos fueron muy duros para mi mujer, mi hija y yo.

140

Mario entra en la casa y se encuentra con Samuel, desnudo, arriba de Sarita.
Sorprendido, Mario exclama:
—Samuel, ¿qué estás haciendo con mi mujer?
—¿Vos siempre preguntando boludeces, Mario...?

141

Al laboratorio de un conocido bioquímico judío va Samuel Grimberg para informarse sobre un estudio de semen. La empleada, muy atenta, le va ofreciendo las distintas posibilidades para el examen:

—En este sector, por ejemplo —le dice la recepcionista—, hay chicas de 15 a 18 años. Usted hace el amor con ellas, y en un preservativo especial nosotros recogemos la muestra. El costo, con chica y estudio incluidos, es de u$s 300. En éste, usted puede ver, las chicas son de 19 a 30 años, el precio total es de u$s 200. Y en éste, en el que las edades oscilan entre 30 y 40, el precio baja a u$s 100 o u$s 150, según la que elija.

Samuel abre una puerta y se encuentra con tres tipos masturbándose, y pregunta:

—Bueno —dice la recepcionista—, éstos son los que vienen por la mutual.

142

—Hija, ¿quién era el muchacho que te estaba besando y acariciando anoche en tu dormitorio?

—¿A qué hora, mamá?

143

Aarón Gurnitzki fue citado a declarar como testigo de concepto en el juicio oral y público donde se acusaba a su colega, el tendero Samuel Grimberg, de haber cometido estafa en perjuicio de sus acreedores:

—¿Tiene amistad íntima o enemistad con el acusado?

—No, señor juez.

—¿Interés en el pleito?

—Tampoco, señor juez.

—¿Por el conocimiento que tiene usted del imputado, lo considera capaz de cometer una estafa?

—Perdón, señor juez, primero aclare, ¿de cuánta plata se trata?

144

En la fiesta del Sheraton dos judías comentan:

—Viste, Pola, debe ser cierto que a los Loverbrun les va muy mal con la financiera. Ella entró con el mismo tapado de visón del año pasado.

145

Un judío fue atropellado por un colectivo mientras cruzaba por Corrientes y Larrea, quedando tendido en el suelo. Mientras esperan la unidad coronaria, se acerca un cura que ve al moishe muy mal herido, se inclina y le pregunta:

—¿Creés, hijo mío, en Dios Padre, en el Hijo y en

el Espíritu Santo?

El judío con gran esfuerzo exclama:

—Yo estoy muriéndome y este hombre me pregunta adivinanzas...

146

Se cuenta que Fidel Castro tenía un perro judío que un día se escapó en una balsa llena de cubanos hacia Estados Unidos.

Lo primero que hizo el perro fue ir en busca de una sinagoga. "Seguramente allí habrá perros judíos, iguales que yo", pensó.

Efectivamente, se hizo amigo de "Ari", el perro del rabino de Key West.

—¿Y qué tal la vida en Cuba? —preguntó Ari.

—Yo, por ser el perro de Fidel, lo pasaba bárbaro. Para mí había siempre los mejores lomos de ternera asados, leche de importación, huesos de cordero escocés, dormía en colchón de plumas, me bañaba todos los días, tenía un veterinario a mi disposición, visitaba a una perrita hermosa, paseaba con Fidel por las playas. Una maravilla...

—¿Y entonces por qué te escapaste?

—Porque quería ladrar.

147

Dos judías en la peluquería:

—¿Cuántos chicos tenés?
—No tengo chicos.
—¿Y entonces con qué sufrís?

148

Una judía aviva a otra:
—A mí no me parece mal que sea mi marido el que lleva los pantalones, mientras tenga la plata en el bolsillo...

149

De Norman Erlich. El padre a su hijo:
Jamás te burles de los ricos. Piensa que un día puedes llegar a serlo.

150

El hombre que realmente cuenta en este mundo es el cajero.

151

—¿Te enteraste de que ayer murió Jacobo Filkenstein, que fabricaba mallas de mujer en Once?
—¡Pobre, en plena temporada!

152

Leído en la tumba de una madre judía:
"¿VIERON QUE ERA GRAVE?"

153

Jaime llega tarde al trabajo con cara de dormido, a las nueve y media de la mañana. El jefe lo increpa:

—¡Llegaste una hora y media más tarde, debías estar en el trabajo a las ocho!

—¿Por qué? —pregunta Jaime—. ¿Qué pasó a las ocho?

154

Reflexiones: El pensamiento vivo de Samuel Grimberg:

"La diferencia entre tu amante y tu esposa es que si tu amante te acaricia el pelo, se te para el pito; y si tu mujer te acaricia el pito, se te paran los pelos".

155

El turco Abadie, judío próspero de Once, se lanzó a cruzar las vías zigzagueando las barreras bajas en Caballito, justo cuando venía un tren que arrolló el auto arrastrándolo como cincuenta metros.

El turco quedó tendido al costado de las vías y el

auto destruido por allá...

Un vecino se acercó a ayudar mientras el turco exclamaba:

—¡Mi Mercedes, mi Mercedes...!

—Señor —dijo un vecino del lugar—, qué se preocupa por el auto, no ve que le falta el brazo izquierdo...

—¡Mi Rolex, mi Rolex...!

156

El muchacho judío había salido por primera vez, y con una goy. Eran como las dos de la mañana y no había vuelto a casa. La madre, desesperada, pensando con qué atorranta estaría el nene. El padre también desesperado, pero daba la imagen de serenidad frente a la pobre madre que sufría y sufría.

Finalmente se escucha entrar al muchacho. El padre haciéndose el distraído, como que iba a tomar soda a la cocina, se cruza con el chico:

—Menos mal que volviste. Tu madre está descompuesta...

—Bueno, tátele —justifica el muchacho—, se me hizo un poco tarde. Los colectivos a esta hora no andan bien.

—¿Y, qué tal, la pasaste bien? —pregunta el padre.

—Sí, papá.

—¿La chica es boina?

—Sí, papá.

—¿Su padre a qué se dedica, está en boina posición?

—No sé papá. No pregunté, pero parece que están bien.

—¿La llevastes a tomar un café? —pregunta el tátele.

—Sí, papá.

—¿Y la llevastes a comer?

—Sí, papá, teníamos hambre.

—¿Y fueron a bailar?

—Claro...

—¿Y después la llevastes hasta su casa en taxi?

—Lógico, papá, vos me enseñaste a ser un caballero...

El viejo había estado haciendo la cuenta mentalmente: café, cena, baile, taxi... Mientras sumaba se desesperaba, y cuando ya no aguantaba más pregunta:

—¿Y gastaron mucho...?

—Cincuenta pesos.

—Ah, no es tanto por lo que hicieron —se tranquiliza el padre.

—Eran los únicos cincuenta pesos que la chica tenía, papá.

157

El matrimonio mayor de moishes recuerda:

—¿Te acordás, Rebeca, cuando salimos de Polonia

y llegamos a Estados Unidos y nos pusimos una venta de botones en la 5ta. Avenida? ¿Te acordás que al principio nos iba muy bien, después nos hicimos mayoristas, vendimos todos los botones para ese primo tuyo que nos había llevado y nos clavó... con los botones que no nos pagó, y con una garantía que le firmamos...?

—Me acuerdo, Samuel...

—Y nos quedamos en la ruina. Y vos al lado mío, Rebeca... y después pudimos venir a la Argentina y pusimos el taller de confecciones en San Martín, nos iba muy bien, llegamos a tener cincuenta y dos costureras, fabricábamos más de cinco mil prendas por mes para Jacobo Filnemberg, que después quebró, y perdimos todo... y vos, Rebeca, en todas las malas siempre al lado mío... Después que logramos rehacernos un poquito, pusimos la mercería mayorista en Once, y vendíamos bien hasta que nos agarró el Rodrigazo con toda la mercadería vendida y a cobrar, ¿te acordás?, habíamos fiado como cien mil dólares, cuando nos pagaron no alcanzaba ni para la cuenta de la luz...

—Me acuerdo, Samuel.

—Y vos siempre al lado mío, Rebeca, en todos los malos momentos. Y después nos pusimos la financiera en Diagonal Norte y Florida... Cambiando cheques llegamos a rehacernos hasta que nos agarró la quiebra de los Cohen y nos dejaron en pelotas, después nos cayó la DGI, y clausuraron, y tuve causa penal por delitos económicos, pasé dos años escondido en casa de Aarón... y vos al lado mío en todos los malos momentos, Rebeca, siempre a mi lado... Decime: ¿no serás vos la yeta, Rebeca?

158

Un tendero se lamentaba al inspector de la DGI:

—Hoy, por ejemplo, en toda la mañana no entró ningún cliente, ¡y a la tarde todavía fue peor!

159

Dos judíos reflexivos en una mesa de bar:

—Sabés, Jacobo, la vida... es como una taza de té.

—¿Y por qué es como una taza de té?

—¿Y por qué debo saberlo, acaso soy filósofo yo?

160

Doña Rebeca, mientras lavaba los platos, observa por la ventana de la cocina que un linyera estaba revolviendo el cesto de basura de la calle buscando algo para comer. Bondadosamente le pregunta:

—Señor, ¿aceptaría un plato de sopa fría?

—Claro, señora, muchas gracias... que Dios la bendiga —dice el mendigo.

—Bueno, vuelva más tarde que todavía está caliente.

161

Consejos de Samuel Grimberg a su hijo:

En la vida, es bueno ser un próspero comerciante. Si no lo logras, dedícate a estudiar.

162

Todos los sábados se encontraban a charlar en un bar un cura y un rabino. Se comentaban lo que de interesante les había sucedido en la semana, hasta que en una reunión el cura, emocionado, cuenta:

—Hoy a la mañana temprano me llamaron de una casa para que fuera a dar la extremaunción a un bondadoso cristiano. Viste —narra—, hoy llovía torrencialmente, y yo perdí el paraguas, así que no podía ir, pero Dios me impulsó; igualmente salí caminando y se produjo un milagro: llovía detrás de mi paso, llovía a ambos costados de mi camino, y llovía por delante de mi andar, pero por donde yo caminaba, milagro de Dios, nada. Llegué bien, y sin que una gota me haya tocado.

—Yo —dice el rabino—, cuando venía para acá vi tirado en la vereda un billete de cien dólares, pero yo no podía tocarlo porque hoy es sábado; entonces me di cuenta de que atrás del billete era sábado, adelante del lugar donde estaba el billete era sábado, y a ambos costados del billete era sábado, pero también ocurrió un milagro de Dios y lo pude agarrar, porque justo en la baldosa donde estaba el billete, ya era domingo.

163

Los dos socios de la financiera están jugando al table (backgammon) en La Plage, Punta del Este:

—¡¡¡Mauricio, dejamos abierta la caja fuerte!!!

—¡¿Qué peligro hay, si estamos los dos aquí?!

164

En el country, charlan dos judías:

—¿Cómo está tu marido?

—¿Comparado con quién?

165

En el country:

—¿Hola, Dorita, qué te pasa que se te ve triste?

—¿No sabías? Se murió mi marido.

—Mirá qué coincidencia, te vas a reír, ¡el mío también...!

166

Dos viejitos judíos en la cama:

—¿Te acordás viejo, que cuando éramos jóvenes me acariciabas?

—Sí, vieja, me acuerdo —y acaricia a Rebeca.

—¿Te acordás que me hacías cosquillas?
—Sí, vieja —y le hace cosquillas.
—¿Y te acordás que me mordías?
En ese momento el viejo se levanta y se va.
—¿Qué te pasa, adónde vas...?
—A buscar la dentadura, vieja.

167

En el country:
—Sabés, Raquel, mi bebé quiere mamadera, ya no acepta más la teta, parece que no le agrada el gusto a tabaco...

168

Se presenta Jaime a una entrevista de trabajo. Le preguntan:
—¿Usted domina el inglés?
—Si es chiquito y se deja...

169

Jacobo entra al velatorio y va a saludar a la viuda:
—Lo siento...
—No, déjelo así acostado como está.

170

A las ocho de la mañana en Corrientes y Larrea:
—¡Qué día fresco, Marcos!
—¿Y cómo va a ser, si es de hoy?

171

En el bar, Samuel Grimberg se encuentra con su amigo Jaime:
—Jaime, cuánto tiempo sin verte; sabés, hace un año se publicó mi libro de chistes judíos.
—Ya lo compré.
—Ah, ¿fuistes vos?

172

Un judío le cuenta a otro que tiene unas pesadillas terribles:
—No sabés lo que me pasa, llego a casa cansado de trabajar todo el día en la fábrica de camisas, y cuando me voy a dormir sueño que estoy en el taller cortando telas, toda la noche encimando telas, tizando, cortando, acomodando en las máquinas para las costureras, y cuando termino de cortar y acomodar, suena el despertador y me tengo que levantar para ir otra vez a la fábrica. Así todos los días, ya no aguanto más.
—A mí también me pasa algo extraño cuando me voy a dormir —responde el otro—, sueño que en mi cama está Claudia Schiffer alocadamente sensual.

Me paso la noche de sexo y a la mañana, cuando Rebeca me trae el mate a la cama, no me puedo levantar. ¡Terrible, che!

Al tiempo se vuelven a encontrar los dos amigos:

—¿Y cómo andás con tus sueños con Claudia Schiffer?

—Sigue viniendo a mi cama, y anoche fue peor; también estaba Valeria Mazza. Entre las dos, no sabés las cosas que me hacían... quedé muerto, ¡yo solo con esos dos monumentos!

—¿Si tenías dos, por qué no me llamaste?

—Te llamé, eran como las tres de la mañana... y me dijeron que estabas encimando telas en el taller.

173

Diálogo entre un rabino y un cura:

—¿Padre, usted es el que aparta a las mujeres del mal?

—Así es, señor rabino.

—Aparte dos para el jueves, padre.

174

Un judío entra en una tienda:

—¿Qué tienen en corbatas?

—Muy buenas.

—Muy buenas. ¿Qué tienen en corbatas?

175

—¿Cómo está tu familia, Samuel?

—Todos muy bien. Rebeca muy bien, los chicos bien, y el más chiquito hace tres meses que camina.

—¿No se te habrá ido demasiado lejos, Samuel?

176

Llega Jacobo a la casa y Sarita le reclama:

—Jacobo, ¿por qué no cortás el pasto del jardín?, está hecho un pastizal, un desastre...

—¿Quién te dijo que yo soy jardinero, Sarita?

Días más tarde:

—Jacobo, no hay luz en el baño, ¿no podrás arreglarlo?

—¿Vos creés que yo soy electricista?

Al día siguiente:

—Se aflojó la pata de la mesa, ¿no podrás verla?

—¿De dónde sacaste que yo soy carpintero?

Y así siempre. Un día Jacobo regresa de su gira de corretaje por La Pampa, Santa Fe y Córdoba y observa todo perfecto:

—¡Qué maravilla, Sarita! Las luces funcionan, el césped parece el de un colegio de Cambridge, la pintura toda prolija, la mesa y las sillas perfectas... Decime, Sarita, ¿cómo hiciste si yo no te dejé plata...?

—Le pedí a Manuel, el gallego de la esquina, que me arreglara la casa.

—¿Y te cobró mucho?

—No me quiso cobrar; cuando estaba arreglando nuestra cama yo entré a llevarle un té y el muy atrevido me dijo que no me cobraría en plata, que le gustaría que yo le hiciera una torta de chocolate para tomar con el té o, si no, estar conmigo en la cama que estaba arreglando...

—¿Y vos qué le dijiste, Sarita?

—¿Qué le iba a decir al atrevido? ¿Quién te dijo que yo soy repostera?

177

Un judío fabricante de trajes regresa de Francia, donde había ido a ver modelos. Le cuenta a su socio:

—En París, justo cuando salía del hotel en la Rue Fubourg Saint Honoré vi pasar a Chirac.

—¿No me digas, y qué tal?

—Talle 52.

178

Carteles en los aviones:

Lufthansa: "Es terminantemente prohibido fumar en los baños".

Aerolíneas Argentinas: "Por razones de seguridad, se prohíbe fumar en los baños".

Air France: "Rogamos a los señores pasajeros tengan a bien no fumar en el sector de toilettes. Merci".

El Al: "¿Qué ganás fumando en el baño?".

179

Tres judíos se encuentran en el bar:

Samuel dice: —Ayer a la tarde tomamos el té, yo y Jacobo.

Isaac corrige: —Tenés que decir Jacobo y yo.

Samuel sorprendido: —¿Por qué, acaso yo no tomé el té...?

180

Un judío quería visitar Israel, pero se resistía a viajar por motivo del idioma. No sabía nada de hebreo ni de idish. "¿Cómo me van a entender?", se preguntaba. Pero luego de una reunión en el club, los amigos lo animaron diciéndole que en Israel estaban muy acostumbrados a recibir turistas de toda la diáspora, de modo que hablando en forma pausada lo iban a entender bien. Viajó pensando todo el tiempo en hablar pausadamente para ser comprendido. Llegó, tomó un taxi:

—Al... ho...tel... Ben... Gu...rión... por... favor... se...ñor ...ta...xis...ta.

—Como no, en veinte minutos estaremos en el lugar. Bienvenido a Tel Aviv.

—¿Us...ted... es... ar...gen...ti...no?

—Sí, soy porteño, de Villa Crespo, hace doce

años que vine a vivir aquí.

—En...ton...ces, ...¿por... qué... es...ta...mos ...ha...blan...do... en... idish?

181

Rebeca recrimina a su marido:

—Jaime, ya hace ocho años que sos un desocupado, ¿no te da vergüenza? ¿Por qué no te buscás un trabajo de una vez por todas?

—¡¿Te parece, perder ocho años de antigüedad...?!

182

Curiosidades:

Los judíos lloran frente al muro de los lamentos porque los árabes no les pagaron la medianera.

183

En un pueblito del interior, un judío perdió la billetera. Puso un anuncio en la estación del tren: RECOMPENSARÉ DEVOLUCIÓN DE BILLETERA PERDIDA. Firmado: Samuel Grimberg.

Al día siguiente se le apareció en la casa un vecino, quien, contento, expresó:

—¡Menos mal don Samuel que hizo el anuncio, no sabía a quién devolverle la billetera! Además, me interesa la recompensa.

Samuel revisa el dinero y le dice al vecino:

—No te poido recompensar porque faltan cien dólares de la billetera. ¿Los tomastes vos, no es cierto?

—No, Samuel, había exactamente novecientos dólares que aquí están. Yo los conté cuando encontré la billetera debajo de un asiento del tren.

—No, vecino, había mil.

Ambos deciden someter la cuestión a don Jaime, otro judío del lugar. Le explican el caso:

—Mira, Jaime, yo perdí billetera con mil dólares, y este señor dice que la encontró con novecientos. Yo digo que me sacó cien, y además quiere recompensa. Me faltan cien dólares. No poido recompensar...

—No —replica el otro—, la billetera tenía novecientos dólares.

Don Jaime concentróse y resolvió:

—Si este señor encontró una billetera con novecientos dólares y vos perdiste una con mil, quiere decir que la que encontró no es la tuya, sino otra que la tendré yo hasta que aparezca quien perdió esta que tiene novecientos dólares.

184

Charla entre dos amigas en el club:

—¡Qué raro, Judith, verte con la misma campera de la semana pasada...!

—Es que mis ingresos se redujeron al cincuenta por ciento.

—¿Perdiste un empleo?
—No, rompí con uno de mis dos amantes.

185

A un programa de televisión concurren tres criadores de cerdos, que son interrogados por los periodistas sobre la crianza de los porcinos.

Uno de los criadores es árabe, y comenta a los entrevistadores que alimenta a los cerdos con cualquier clase de desechos y residuos que consigue en cestos de restaurantes, hospitales, basurales, etc.

Los periodistas, al escucharlo, lo acusan de fomentar las enfermedades y plagas: "Usted es un enemigo de la salud de la población", le dicen.

El alemán Jorge (Pichi) Sieker, que ha escuchado lo dicho por el árabe y los periodistas, comenta que en su criadero de Las Flores, en la provincia de Buenos Aires, alimenta los lechones con salmón rosado del Pacífico, maíz y otros cereales de primera selección aderezados con aceite de oliva español, palmitos importados de Paraguay con salsa golf, lomo de ternera y otras delicias que les prepara un chef especializado.

Los periodistas se ponen furiosos y lo acusan de darles los mejores y más caros alimentos a los chanchos, ¡mientras en el mundo hay millones de niños que pasan hambre!

Cuando le toca el turno al judío Aisemberg, que ha escuchado a los dos anteriores, sonriente, aclara:

—Miren, yo no tengo problema, les doy diez pesos a cada uno, y ellos se compran lo que quieren.

186

Son las tres de la mañana, está el matrimonio de viejitos judíos en la vereda de Corrientes, casi Medrano, mirando hacia la calle. Llaman a un policía que está cerca y la viejita le pregunta:

—Dígame, señor agente, ¿por aquí pasa el 124?

—Sí —dice el agente—, pero hasta las cuatro de la mañana no corre.

—¿Y el 101?

—Tampoco funciona hasta las cuatro.

—¿Y el 134?

—Ése comienza a las cinco.

—¿Y el 50?

—El 50, más tarde, a las seis.

Dirigiéndose al marido, la esposa dice:

—Dale viejo, aprovechemos que podemos cruzar.

187

En la trinchera judía durante la Guerra de los Seis Días:

—¡Soldado, dispare contra el enemigo!

—No poido, mi teniente, ése es Kalil, cliente mío de la tienda; le di crédito; si lo mato no cobro.

—¡Soldado Fleisberg, dispare, es cuestión nacional!

—¡Boom...!

—Soldado Fleisberg, ¡dispare contra el otro enemigo árabe que se divisa en el horizonte!

—No poido, mi teniente, ése es Saad, que también tiene cuenta en la tienda y me debe plata.

—Soldado Fleisberg, ¡dispare!, es una orden militar.

—¡Boom...!

—Soldado, ¡dispare contra el tercer blanco enemigo que se divisa en la línea de ataque!

—Imposible, mi teniente, no voy a disparar...

—Debe disparar, ¡es un enemigo!

—A éste sí que no lo poido matar... si lo mato quedo arruinado; es Aseff, el garante de los otros dos.

188

Charla matrimonial:

—Decime Sarita, ¿si yo me muriera antes que vos, formarías pareja con otro hombre?

—Bueno, soy mujer y necesito tener apoyo y compañía...

—¿Y lo invitarías a que venga a esta casa?

—¿Por qué no, si sería mi pareja?

—¿Y estaría en mi propia cama con vos, Sarita?

—Vos debés comprender, Jaime...

—¿Y usaría mi ropa? —pregunta Jaime.

—¿Por qué no?, no se puede derrochar.

—¿Y también mis palos de golf?

—Eso no Jaime... —aclara Sarita—, tus palos no son para zurdo.

189

Un prestigiosísimo cirujano de Avellaneda indicó a su paciente, la afamada artista plástica judía Rebeca Goldstein, que debía ser operada de cataratas a la brevedad y tiempo más tarde de hemorroides.

La intervino con gran éxito de cataratas. La pintora quedó tan maravillada con el resultado de la operación, que en agradecimiento pintó y expuso en una galería un hermoso cuadro cuyo motivo era un gran ojo con la imagen del cirujano en la pupila.

Por supuesto, el médico fue a visitar la exposición de cuadros de Rebeca Goldstein y vio, gratamente sorprendido, el cuadro de su inspiración.

Agradecido, llamó a Rebeca para felicitarla pero también para hacerle saber que él no la iba a operar de las hemorroides.

190

Aarón Grinspun, víctima de un accidente de tránsito, lleva dos años con el brazo enyesado. Marcos Blumenfeld, preocupado, lo interroga sobre la marcha de su recuperación y sobre el juicio por accidente de tránsito que estaba tramitando:

—¿Aarón, todavía con ese yeso? ¿Qué pasa, tu

médico no te lo quiere quitar?

—Mi médico dice que sí, que lo quiere quitar —responde Aarón—, pero el doctor Balián, mi abogado, dice que no.

191

Federico Schmidt, antisemita declarado, estaba realizando entrevistas para selección de personal contable de una empresa decidida a competir en el Mercosur.

Se presentan Juan Carlos Pérez y David Schmulevicz. Pasan juntos pero interroga primero a Pérez:

—Esta empresa se lanza al Mercosur, de modo que usted debe tener conocimientos de nuestro principal socio. Dígame Pérez, ¿sabe cuántos habitantes tiene Brasil?

—Ciento diez millones, señor gerente, según mis últimas informaciones.

—Muy bien, señor Pérez, muy bien... Ahora usted, Schmulevicz, por favor, dígame nombre, profesión y domicilio de los ciento diez millones de brasileños.

192

Versión judía de Caperucita Roja:

La nena frente al lobo, disfrazada de abuela.

Nena: ¡Bobe (abuela), qué ojos que tenés!

Lobo: son para mirarte mejor...
Nena: ¡Bobe, qué orejas que tenés...!
Lobo: Son para escucharte mejor...
Nena: ¡Bobe, qué nariz tan grande que tenés...!
Lobo: ¡Mirá quién habla...!

193

En La Brava, Punta del Este, se estaba ahogando el turco Chenayeb. En un momento dado recupera el aliento y exclama: ¡Océano... te estoy tragando...!

194

Se casan David y Sarita, y establecen las bases de convivencia. Dice David:

—Mirá, Sarita, yo desayuno a las 7, estés o no estés levantada; almuerzo a las 13, estés o no estés en casa, y ceno a las 20, estés o no estés en casa... Quiero que lo sepas para tener todo listo y en orden.

Sarita le responde:

—Está bien, lo tendré en cuenta, y vos tendrás en cuenta que aquí se coge a las 22, estés o no estés en casa.

195

—Jaimito, la composición que hiciste sobre el tema "Mi perro" es exactamente igual a la que hizo tu hermano David... —dice la maestra.

—Es que con mi hermano David tenemos exactamente el mismo perro, señorita.

196

Se encuentran dos judíos que hacía un tiempo no se veían:

—¡Jacobo!, ¿cómo estás?

—Mal, con muchos problemas, Samuel. Compré mercadería para la venta de invierno, llegó junio y nada; julio, un desastre; agosto, no hizo frío, nada de nada; en setiembre organizamos liquidación para pagar cheques firmados: un fracaso, tuve que refinanciar. También en setiembre abrimos temporada primavera-verano, gran expectativa, pero llegó octubre y nada... noviembre, sequía; diciembre, vencieron los cheques y la refinanciación, sin una moneda, catástrofe total. Después enero otro desastre...

—Vos te quejás —dice Samuel— porque no sabés los problemas que tuve yo. No sé si te enteraste de que hace tres meses murió Rebeca, mi mujer. Se enfermó de un cáncer terrible, pobrecita, en pocas semanas la perdí. Después, mi hermano Aarón tuvo un gran disgusto, se infartó y no hubo caso, murió repentinamente, ahora pensábamos que mi hijo tenía un problema de anemia, pero resulta que por una noche de festejo sin cuidado está con un Sida galopante, ¡pobre hijito mío!, en pocos meses mi mujer, mi hermano y mi hijo. ¿Qué hay peor

que esto?... ¿qué hay peor que esto?
—Febrero —contesta Jacobo.

197

Era un congreso internacional de poses amatorias. Participaban representantes de diversos países, y también de la colectividad judía sefaradí.
Es el turno del delegado alemán:
—Nosotrojs, los alemanes, ténemos regidstradas cinco posiciones...
—Cuarenta y dos —grita el judío sefaradí.
El presidente de la convención pone orden:
—Por favor, señor Beratze, cállese que no es su turno.
Es el turno de Estados Unidos:
—Nosotros en América hemos podido detectar la existencia de doce poses amatorias...
—Cuarentidó... —grita el turco.
—Por favor, que el señor representante de la colectividad sefaradí se calle que no es su turno... es el turno de Corea.
—Nosotlos, en Kolea, tenemo una sola posición: muquel abaco, homble aliba...
—Cuarentitrés... grita el sefaradí.

198

Bailando con otra paisana en un club judío, a

Samuel Grimberg se le escapa un pedo. Con toda vergüenza le dice a la muchacha:

—Disculpe, señorita, fue involuntario, le pediría que quede entre nosotros...

—No estoy de acuerdo, Samuel —dice la muchacha—, yo preferiría que se ventile.

199

A un judío de Moisesville le habían prevenido que en Buenos Aires adivinaban el pensamiento.

Se baja del tren en Retiro pensando que podría haber alguien que le lleve su pesado equipaje. Inmediatamente se le acerca un changador que le dice:

—¿Le llevo las maletas?

Sorprendido y comenzando a confirmar la advertencia, acepta, mientras va pensando cómo hacer para conseguir un taxi. Enseguida el maletero le propone:

—¿Quiere que le lleve el equipaje hasta la parada de taxis?

—Claro, muchas gracias.

Seguía pensando en que sería cierto que en Buenos Aires adivinaban el pensamiento.

Sube al taxi pensando en ir a un hotel cuando el chofer le dice:

—Seguramente el señor querrá ir a un hotel, ¿no es cierto?

—Sí, por supuesto —contesta el judío.

Su sorpresa crecía.

Mientras va subiendo la escalinata del hotel piensa únicamente en tomar un buen baño de agua caliente, después de tanto viaje.

El conserje lo recibe, le indica la habitación y le dice:

—Bienvenido a este hotel. Usted podrá tomar un buen baño. La canilla de la izquierda es la del agua caliente.

Don Jacobo está totalmente desconcertado por la "lectura de sus pensamientos".

Tenía los pies hinchados por el viaje. Pensó en comprar un par de alpargatas para estar más cómodo. Levantó el teléfono para preguntar dónde vendían alpargatas en la zona, y la voz de la telefonista preguntó:

—¿Número?

## 200

En Moisesville dos granjeros judíos se tenían mucha envidia y recelo. Un día se encontraron en el pueblo. Jaime llevaba un animal debajo del brazo. Aarón le pregunta:

—¿Dónde vas con ese cerdo?

—No es un cerdo... es un pato.

—Le estoy hablando al pato...

## 201

Augusto Desanty Rosenfeld llega a destino con el taxi. El chofer le dice:

—Son diez pesos, señor.

—Bueno, tomá cinco —dice el moishe.

—Señor —aclara el taxista—, son diez, faltan cinco.

—¿Por qué tengo que pagarte diez, acaso vos no viajaste en el mismo taxi?

## 202

En un bar entra un petiso medio borracho. Tenía pinta de militar fascista, pelo corto, anteojos Ray Ban, bigote cortadito... Desde la puerta pregunta:

—¡¿Hay algún judío aquí...?!

Silencio absoluto.

—Repito... ¡¿Hay algún judío en este lugar?!

Un moishe que estaba tomando el té, responde tímidamente:

—Sí. Yo soy judío.

—¡Acompáñeme, señor! Falta el décimo hombre para el bris de mi hijo.

## 203

El médico le dice al paciente:

—Su enfermedad, señor, es hereditaria.

—Entonces cóbrele la consulta a mis padres, doctor.

## 204

Jaimito y Shímele, dos pibes judíos del barrio, estaban jugando a la pelota en la vereda de Sarmiento y Pasteur, el primer viernes de agosto, antes de que apareciera la primera estrella. Se consultan:

—¿Shímele, qué le vas a pedir a tus viejos para el domingo, que es el día del niño?

—Yo pensaba pedirles una bici, pero dijo mi mamá que las cosas no están bien, entonces me conformo con un walkman para escuchar música cuando me aburro en el schule. ¿Y vos qué pediste?

—Un tampón.

—¿Un tampón, qué es eso?

—No sé. Pero escuché a mi hermana que decía que con un tampón se podía nadar, esquiar, hacer gimnasia, andar en bici... ¿Debe ser bárbaro, no?

## 205

Un conocido sastre de Villa Crespo entró a comer en un bar de la zona. El mozo, un atento andaluz, se le acerca y le dice:

—Usted me dirá...

El judío lo mira atentamente de arriba abajo:

—...Talle 50.

206

A Mauricio Goldstein lo imputan por poligamia. El juez lee la acusación:

—Se denuncia que usted tiene una esposa en Palermo, otra en Chacarita y otra en Constitución. ¿Cómo es posible?

—Combinando bien el subte —contesta Goldstein.

207

Charla entre dos judías en el country:

—¡No sabés qué pálida!... Ayer, mientras llovía, los chicos quisieron ver la película de nuestro casamiento, y Jaime la puso... qué desilusión... lo que éramos, y mirá ahora qué embole...!

—¡Qué aburrida que sos! En casa la vemos al revés, para que tenga siempre un final feliz, ¿viste?

208

Sabiduría judía

"Lo único impenetrable en la mujer es su corazón".

209

Charla en la sala de juegos del country:

—¿Qué piel te gusta en el hombre, Ruth?

—La de la billetera, Judith, la de la billetera.

210

El juez lee la sentencia:

"Por hallar al procesado Samuel Grimberg penalmente responsable del delito de defraudación en grado de tentativa, condeno al mismo a la pena de tres meses de prisión con cumplimiento efectivo de la pena impuesta..." Acto seguido el juez pregunta:

—¿Señor Samuel Grimberg, va a consentir o va a apelar la sentencia?

—Apelo. Yo no poido faltar a negocio en plena temporada.

211

Un médico judío tenía un cartel en la sala de espera que decía:

PRIMERA CONSULTA: $ 100. SIGUIENTES: $ 30.

Samuel Grimberg, que iba por primera vez a consultar al profesional, luego de ver el cartel, no quiso desaprovechar la posibilidad de ahorrarse unos pesos, y hasta se le ocurrió la estrategia.

Cuando le toca el turno, Samuel saluda al médico:

—¿Cómo está doctor? Aquí me tiene... Sírvase los $ 30 de la consulta.

—Vamos a ver cómo anda todo —dice el profesional. Lo revisa atentamente, parado, sentado, y recostado en la camilla. Le toma la presión, el pulso, le palpa detenidamente el abdomen, lo interroga sobre la marcha de las molestias, le pregunta sobre la alimentación y otras costumbres, hasta que finalmente con sabiduría y serenidad, el médico diagnostica:

—Vea, señor Grimberg, anda mejor, siga con el mismo tratamiento que le di la primera vez.

212

Un paciente fue a ver al médico judío Jackie Ruso (Jacobo Ruso) por un problema de impotencia. Ingresa al consultorio y le dice al médico:

—Lo felicito doctor, en la sala de espera hay un señor que le cuenta a todo el mundo que desde que usted lo trata tiene erecciones todos los días.

—Así es —dice Jackie—, hay un paciente que viene los lunes y se queda toda la tarde en la sala de espera y cuenta maravillas a los otros pacientes. El que hoy escuchaste viene todos los martes, y si vos venís los miércoles y decís lo mismo cuando hay mucha gente, también tendrás consulta gratis.

213

Un psicoanalista comenta con otro:

—Sabés, Mario, en Libertad y Corrientes conseguí

un reloj que marca exactamente la hora cada cincuenta minutos.

214

Dos médicos comentan en el bar del Israelita:
—Esta mañana le hice un by pass coronario a Silberstein.
—¿Buen resultado?
—Diez mil de honorarios.

215

A Samuel Grimberg lo asaltó, por muchos años, una especie de angustia existencial. Quería saber, pero no lo lograba, qué era la vida. Preguntó a todos y cada uno daba su respuesta, pero ninguna lo conformaba. Siguió en esa búsqueda de la verdad, sin lograr obtener la luz a su esperanza de saber qué es la vida.

Cuando ya estaba cansado de andar por todos los caminos sin ninguna respuesta valedera, dio con un viejito que le aconsejó ver al Gran Rabino, en Israel, quien podría decirle, filosóficamente, qué es la vida.

Samuel se decidió: tomó el avión hasta New York, y desde allí el vuelo de El Al hasta Tel Aviv, para luego abordar otro vuelo hasta una ciudad del interior, y desde allí un ómnibus hasta el pequeño poblado desde donde nacen las montañas que, ascendiéndolas a pie durante cuarenta días, llevaban hasta la casa del filósofo Gran Rabino. Samuel, con gran sacrificio, llegó hasta el mismísimo lugar donde estaba el Gran Rabino. Cuando llegó a él su emoción era infinita; no dejaba de gozar la plenitud celestial de estar ante el más grande de los sabios; se sentía como tocando el cielo, en una sensación extática.

Samuel, emocionado, le dijo al Gran Rabino:

—Gran Rabino, he venido desde Sudamérica, desde Argentina, recorriendo cielos y mares para saber qué es la vida...

—Te diré, hijo mío —dijo el Gran Rabino—, la vida es como un río que fluye...

—¿Fluye...? —preguntó Grimberg.

—¡Cómo! —se sorprendió el Gran Rabino—. ¿No fluye?

216

Una viejita judía visita al rabino para decirle que la han violado.

—¡Pero, por tu edad, eso habrá sido hace mucho, hija mía! —dice el rabino.

—Hace cuarenta y dos años, pero me gusta contarlo.

217

Era un entierro con casi veinte mil personas en el

cortejo; pasan por Sarmiento camino a Chacarita:

—¡Qué funeral impresionante! ¿Quién es el muerto? —pregunta Jacobo Goldman.

—Se me ocurre que es el que llevan en el cajón —contesta Samuel Grimberg.

218

A la mercería de Samuel Grimberg, sita en pleno corazón de Once, entra un inspector de la DGI, y luego de revisar la documentación pasa a confrontar si toda la mercadería existente tiene su correspondiente factura de compra:

—¿Cuántas camisetas de interlock tiene?

—¿En la estantería que da hacia el lado de calle Corrientes o en la que da hacia el lado de calle Sarmiento? —pregunta Samuel.

—En la que da hacia Corrientes... —aclara el funcionario.

—450 a 460 más o menos —responde Samuel.

—¿Y en la que da hacia Sarmiento?

—También, 450 a 460 más o menos.

—¿Cuántos calzoncillos tiene? —requiere el inspector.

—¿En la estantería lado Corrientes o en la estantería lado Sarmiento? —dice mientras las señala.

—En la que da hacia el lado de la Avenida Corrientes.

—Unos 800 más o menos.

—¿Y en la estantería que da hacia la calle Sarmiento? —insiste el inspector.

—También, unos 800 más o menos.

—¿Y cuántos cierres tiene?

—¿En la estantería que da hacia el lado de Corrientes o en la estantería que da hacia el lado de Sarmiento?

—En la que da hacia Corrientes.

—En la que da hacia el lado de Corrientes hay 2.500 cierres.

—¿Y en la que da hacia el lado de Sarmiento?

—También, 2.500 cierres.

—Dígame —recrimina furioso el inspector—, ¿usted me está tomando el pelo? ¿Para qué me pregunta sobre la estantería que da hacia el lado de Corrientes o la que da hacia el lado de Sarmiento, si en las dos tiene la misma cantidad de mercadería?

—Lo que pasa —justifica Samuel— es que la mercadería que está en la estantería que da hacia el lado de Corrientes (y la señala) es la mía.

—¿Y la que da hacia el lado de Sarmiento? —pregunta el inspector.

—También —contesta Samuel.

219

Un judío que tenía un restaurante en la zona de Once andaba desesperado, con graves problemas financieros; ya no sabía qué hacer para conseguir unos pesos.

Un día se sienta un cliente a su restaurante y le pregunta:

—Jaime, ¿cuánto cuesta el bife de chorizo?

—Según, ¿lo pagás antes o después de comer?

## 220

Charla en la peluquería:

—Rosita, no sabés, anoche conocí a un tipo bárbaro, uno de esos románticos que ya no hay más. A la media hora de estar charlando y tomando Barón B, me dijo que intuía que él me iba a amar como nadie me amó; después, que presentía que me iba a besar como nadie me besó; pero ya después, más sensual, se atrevió a decirme que me iba a hacer lo que ningún hombre me ha hecho.

—¡¿Te va a matar?! —preguntó Sarita.

## 221

—Doctor, me duele la mano izquierda, ¿qué será?

—No se preocupe —dice el médico—, debe ser por la edad.

—Me preocupo porque la mano derecha tiene la misma edad que la izquierda y no me duele.

222

Sabiduría judía:
EL AÑO SE HIZO CON DOCE MESES PARA PAGAR FINANCIADO.

223

Reflexión matrimonial:
—¿Rebeca, te acordás qué felices éramos hace veinte años?
—Claro, Samuel, todavía no nos conocíamos.

224

En el psicoanalista:
—No sé por qué, doctor, a veces me siento como un perro.
—¿Desde cuándo?
—Desde cachorro, doctor.

225

En el hospital, entre el joven médico y la practicante:
—¿Esta manito de quién es?
—No sé...
—¿Este bracito de quién es...?
—No sé...

—¿Estos ojitos de quién son...?
—No sé...
—¿Esta boquita de quién es...?
—No sé...
—Che, ¡esta morgue es un despelote!

226

Un sefaradí llega a Ezeiza trayendo una jaula con un loro y quince valijas de todo tamaño.

El fiscal de Aduana le pregunta qué trae en tantas valijas, a lo que el turco responde: "Comida para el loro".

Le ordenan abrir las valijas y aparecen radios, televisores, calculadoras, computadoras... etc., etc.

—Así que comida para el loro, ¿no? —dice el agente de aduana.

—Sí, yo le doy todo al loro Pepito, pero si no lo quiere comer, bueno, no me queda otro remedio que venderlo —dice el turco.

227

En el velorio de los mellizos.

—Jacobo, ¿por qué te fuiste justo ahora?

—...

—Jacobo, contestame, ¿por qué, en plena temporada te moriste... pobre Jacobo?

—...

Lo mira bien, y le dice:

—Claro, cómo me vas a contestar, si vos no sos Jacobo.

228

Samuel Grimberg cenaba siempre en el mismo restaurante, y pagaba sin dejar ni un centavo de propina. Un día el mozo se animó y le dijo:

—Si lo he atendido bien, don Samuel, acuérdese de su mozo servicial.

—¿Cómo me voy a olvidar?... Seguro que para el día del amigo te saludo.

229

El rabino le dice al cura:

—Ustedes no pueden tener relaciones sexuales, y nosotros no comemos jamón. Pero bueno, ¿qué importancia tiene no comer jamón...?

230

Dorita, que vive en Suipacha, provincia de Buenos Aires, necesita consultar a un médico por un grano que le ha aparecido en la nalga. La avergüenza que un profesional del pueblo le vea la cola, porque todos la conocen de la tienda.

Mario, su esposo, le propone ver a un médico de otro lugar. Eligen Mercedes, que está a unos pocos kilómetros, y luego de la rigurosa siesta toman la ruta 5 hasta que llegan a destino.

Preguntan dónde hay un doctor, y les sugieren consultar con Chupín Deluca, un prestigioso doctor mercedino.

Entran y, reunidos con el profesional, Dorita comienza a contarle de la ruta, del viaje, de la vida en Suipacha, de la tienda... hasta que en un momento dado, ya fatigado, Chupín Deluca dice:

—Bueno, señora, vamos al grano.

Mario y Dorita se miran sorprendidos por el ojo clínico del doctor Deluca. "Es bárbaro, pensaba Dorita, ¿cómo se dio cuenta de que tengo un grano...?" Se pone de pie, se da vuelta, se agacha, levanta la pollera y se baja la bombacha...

—Su culo es hermoso —dice Chupín Deluca—, pero yo soy abogado, el médico atiende en la otra cuadra.

## 231

La muchacha judía que había estado una semana en una reducción indígena del noroeste argentino, regresó apasionada y enamoradísima del cacique. Sin ningún preludio le hace saber a su padre que se va a casar con el indio.

El judío se vuelve loco; la esposa llora todo el día

por el insoportable planteo de "la nena". Desgracia familiar, le dicen al rabino. La hija trata de persuadir a los padres, en especial a don Jacobo, que tenía prometida la hija para el hijo de un magnate de la industria del plástico.

—¿Hija, qué te pasó? —pregunta el padre—. ¿Te agarró el demonio? ¿Qué tenés? ¿Estás enferma? Yo tenía para vos un candidato supermillonario, de lo mejor.

—¡Mirá, papito, mi novio, el cacique Indio Grandioso, también tiene mucho dinero, y es maravilloso! ¡No sabés, pa, estoy todo el día pensando en él! ¡Encontré el verdadero amor!

—¿El amor... con un indio...?

—Sí, papito, tenés que conocerlo y vas a ver lo encantador que es Indio Grandioso.

Doña Raquel convence a Jacobo para que vaya a conocerlo. "Si no, no tenés argumento para sacarle a ese indio de la cabeza a esta pobrecita. La habrán hechizado", le dice a su esposo.

Después de un fatigoso viaje llegan a la reducción donde estaba el cacique Indio Grandioso. Ruth fue corriendo a sus brazos, mientras Jacobo sufría y sufría.

La impresión que el indio le causó al padre de Ruth fue espantosa, y la única ocurrencia que tuvo fue ponerle impedimentos:

—Mire, Indio Grandioso, si usted quiere casarse con mi hija debe primeramente comprar una casa de no menos de quinientos metros en Punta Chica, San

Isidro; para mí, una mansión en Palermo Chico para Raquel, mi mujer; y un dúplex en Puerto Madero para la nena...

El indio se encoge de hombros, se pone pensativo y finalmente responde:

—Indio Grandioso amar a Ruth, indio hacer sacrificio, comprar tres casas.

—Bueno, además usted nos tiene que comprar tres autos: para mí un Mercedes Benz línea 500, para mi mujer un BMW de los más caros, y para la nena una Ferrari Testa Rossa, como la que tenía Menem...

—Indio amar a Ruth. Indio hacer sacrificio, comprar tres autos.

—Pero además, si usted quiere casarse con Ruth, tiene que regalarnos un viaje de seis meses por todo el mundo para los tres, Rebeca, Ruth y yo. Con avión de primera clase, estadía en los mejores hoteles, comidas en los mejores restaurantes, cruceros por el Mediterráneo, ropa para los tres y unos cien mil en efectivo para gastos varios.

—Indio hacer sacrificio. Indio regalar viajes.

Para desanimar al indio totalmente, ya que con plata no podía, a don Jacobo se le ocurre la definitiva:

—Si usted quiere casarse con Ruth, tiene que tener el pene de sesenta centímetros... ¿escuchó bien? ¡De sesenta centímetros...!

El indio se queda frío. Circunspecto, desanimado. Finalmente, con mirada derrotada y voz quebrada, dice:

—Indio hacer sacrificio, cortarse cuarenta.

232

El cura y el rabino deciden salir a comer, a pesar de no tener ni una moneda.

Van a uno de los mejores restaurantes de la ciudad, piden de lo mejor, cenan con Pomery, y cuando terminan se levantan de la mesa dirigiéndose hacia la puerta.

El mozo, preocupado, se acerca y le menciona al cura que se ha olvidado del pago.

—¿Cómo olvidado?, ¡si ya te he pagado! ¿Por qué me haces este planteo, hijo mío? Es mi palabra, es la palabra de Dios.

—Disculpe, padre. Está bien —dice el mozo.

—¿Cómo que está bien? —se enoja el Rabino—, ¿y el vuelto?

233

Un pibe judío caminando por la vereda de la calle Pasteur va raspando una moneda sobre las paredes de las casas. El padre le pregunta:

—¿Hijo, qué estás haciendo?

—Estoy gastando plata, papá.

234

Un judío le cuenta a otro que no puede dormir. Que se despierta a medianoche pensando lo que le deben sus clientes, se desespera y no duerme más.

—Es un horror —dice—, ya no puedo más con este insomnio.

—¿No probaste contando ovejitas? —pregunta su amigo.

—¡Sí que lo hice, pero fue peor! Conté más de mil ovejas. Finalmente, como no me dormía, las esquilé. Después vendí la lana, tuve que pagar el IVA y los Ingresos Brutos pero los cheques con que me habían pagado la lana vinieron todos sin fondos.

Ahora estoy arruinado, me deben cinco veces más.

Cómo voy a dormir, maldigo la noche en que me metí con el negocio de las ovejas.

235

Aarón Gurnitzky, fabricante de clavos, se va de viaje y deja la fábrica en manos de su hijo Mauricio Gurnitzky.

Cuando regresa al país, ve un cartel gigante en la ruta del aeropuerto a la ciudad de Buenos Aires que muestra a Jesucristo clavado en la cruz con la leyenda que dice:

EL HOMBRE MÁS FAMOSO DE LA HISTORIA DE LA HU-

MANIDAD FUE CLAVADO CON CLAVOS GURNITZKY

El viejo Gurnitzky llega a la fábrica y por poco lo mata al hijo:

—¡Sos un animal, cómo ponés semejante cartel en la autopista! ¿Qué querés, que tengamos un problema con la Iglesia? Los judíos somos respetuosos de todas las religiones. ¡Inmediatamente hacé cambiar esa propaganda!

El padre otra vez se tiene que ir de viaje y al volver a Buenos Aires ve el nuevo cartel, que muestra una cruz vacía con una leyenda que dice:

CON CLAVOS GURNITZKY... NO SE HUBIERA ESCAPADO

## 236

Mario Coldosky tenía graves problemas de pareja desde que su mujer había descubierto su infidelidad y ya no sabía cómo hacer para recomponer su matrimonio. Para el cumpleaños de Sarita tienen el siguiente diálogo:

—Te regalo lo que vos quieras, Sarita, ¿querés un Rolex Presidente? ¿Querés un anillo de brillantes? ¿Querés un tapado de visón? ¿Querés un Suzuki Swift que tanto te gusta...?

—¡No insistas más, lo único que quiero es el divorcio...!

—No pensaba gastar tanto, Sarita.

237

Mario Abraham Corsklab debía ser intervenido quirúrgicamente. Angustiado, le pregunta al cirujano:

—Doctor, ¿después de la operación podré tocar el bandoneón?

—¡Claro, hombre!, ¿por qué?

—Porque toda la vida tuve la ilusión de poder hacerlo algún día, doctor.

238

Mario llega al departamento a las seis de la mañana. La mujer, que quería matarlo, lo increpa:

—¡¿De dónde venís a esta hora...?!

—De una reunión con el gerente de la empresa.

—No seas mentiroso, a las seis de la mañana no hay ninguna reunión con ningún gerente...

—Sí... creéme... vengo de una reunión con el gerente de la empresa...

—¡Basta de mentiras! ¡Decí la verdad si sos hombre!

—Bueno... la verdad es que estuve en la cama con una muchacha de veinte años, la nueva empleada de la sección marketing...

—¿Así que con la empleada de veinte años, eh...? ¿Y qué harías vos si un día llegás a casa y me encontrás a mí con un tipo en la cama...?

—Me volvería loco, Sarita. Agarraría al perro y lo tiraría a la calle desde aquí, del quinto piso. Después tomaría el bastón y lo rompería en diez pedazos...

—¿Qué perro y qué bastón? —pregunta la esposa.

—El del ciego que se anime a meterse en la cama con vos, Sarita.

239

Samuel Grimberg, conocido contador de chistes, es convocado por el presidente Menem a su despacho para dar ciertas explicaciones:

—Dígame, Grimberg, ¿fue usted el que inventó ese chiste que dice que yo estaba en la casa de gobierno refiriéndome a los corruptos, los inútiles, los inmorales, los vendepatrias, y que alguien que pasó por la puerta de Balcarce 50 pensó que yo estaba pasando lista?

—Sí, Excelentísimo Señor Presidente. Yo he sido quien lo inventó.

—Y explíqueme, ¿fue usted quien salió a contar ese chiste que dice que cuando vino a verme James Cheek a Olivos, y como llovía, yo salí a recibirlo con los pantalones subidos para no ensuciarlos con los zapatos mojados, y que Cavallo me dijo "doctor Menem, llegó el embajador, bajémonos los pantalones", y que yo le pregunté a Mingo si era por la Ley de Patentes Medicinales o por la deuda externa?

—Sí, Excelencia. Yo lo inventé y salí a contarlo.

—¿Diga, fue usted el que inventó ese cuento que dice que mis asesores no coimean más porque el Mingo les exige hacer factura...?

—Sí, también. Disculpe, Excelencia, he sido yo en un momento de apresuramiento... Estoy arrepentido, Señor Presidente.

—Usted, Grimberg —dice el Presidente—, es un judío irrespetuoso, insolente e irreverente. Hemos logrado la pacificación nacional; estamos en la Argentina del Primer Mundo; en la Argentina del trabajo, de la producción, del desarrollo, del progreso, de la honestidad; en la Argentina de la riqueza y la prosperidad...

—Perdone, Señor Presidente —interrumpe Grimberg—, pero ese chiste no es mío.

240

Nota aparecida en un diario porteño:

VIOLENCIA EN EL FÚTBOL

"Dos grupos de exaltados barrabravas de fútbol, enfrentándose entre sí, cometieron actos de violencia y arrebato de mercadería en la Tienda Grimberg, próxima al estadio..."

La misma nota aparecida en un diario judío:

ATENTADO ANTISEMITA

LA PERSECUCIÓN LLEGA AL FÚTBOL

Comerciante judío hostigado por grupos barrabravas antisemitas que, a la salida de la cancha, agredieron sus bienes, atentando contra la dignidad del pueblo judío."

## 241

Jaimito, después de jugar al fútbol toda la tarde, mientras lloviznaba, llega a la casa completamente embarrado. Cuando la madre lo ve en esas condiciones empieza a correrlo por toda la casa con la escoba en la mano, diciéndole: "¡Si te agarro te mato...!"

El pobre Jaimito logra escaparse de los escobazos y se mete debajo de la cama de la piecita del fondo. Allí permanece, quietito, sucio y temblando de miedo.

Al ratito nomás, doña Rebeca, ídishe mame de verdad, estaba sufriendo de arrepentimiento, pero no sabía cómo hacer para que Jaimito saliera. "Se estará muriendo de hambre", pensaba.

Pero por orgullo no podía hacer nada. Esperaba que llegara Jacobo, su marido, lo antes posible, para arreglar la situación del pobrecito.

Jacobo llegó como a las nueve y media de la noche, e informado de los acontecimientos, entró en la habitación y despacito fue metiéndose, en señal de complicidad, debajo de la cama junto a Jaimito. El chico ve acercarse al padre y le pregunta:

—¿A vos también te corrió la vieja con la escoba?

242

En el country, una judía le cuenta a la otra:

—Sabés, Pola, mi hijo Mauricio es algo maravilloso. Mi nuera está muerta de envidia porque mi Mauri gasta ciento cincuenta dólares por semana en el psicoanalista, para hablar de mí.

Filosofía judía

El buen comerciante judío debe tener honestidad y sabiduría:

Honestidad para cumplir fielmente con lo prometido.

Sabiduría para no prometer jamás.

243

Un día Jaimito le propone a su madre.

—Mamá, aprovechemos que papá está de viaje y juguemos a que yo soy tu marido...

—Bueno, hijo mío.

—Nada de "hijo mío". ¡Bueno Jacobo!, como le decís a papá.

Durante el almuerzo Jaimito se ubica en la silla del padre; a la tarde la madre le traía mate de la cocina a la puerta; cenan con soda y gotita de vino tinto. Llega la hora y Jaimito dice:

—Bueno, vieja, vamos a dormir... que mañana hay que trabajar.

Se mete en la matrimonial, y doña Rebeca está un poco ansiosa porque no sabe cómo sigue esa historia. En un momento Jaimito rompe el silencio:

—Vieja, estuve pensando... hay que comprarle la bicicleta al pibe.

244

Muy contento el rabino le cuenta al cura que el último viernes había hecho un importante avance hacia la solidaridad, hacia el humanismo, hacia una mejor comprensión entre sus feligreses judíos:

—Les dije a los ricos que es de un buen judío ayudar a los humildes, que deben dar más dinero para los pobres, que no es posible que mientras unos tengan fábricas y autos importados, haya judíos que no pueden pagar el alquiler de sus casas o el colegio de sus hijos.

—¿Y cómo te fue con tu sermón? —preguntó el cura.

—Bárbaro, todos los pobres me aplaudieron.

245

Entra Jacobo al bar y pide un whisky. Cuando se lo sirven, ve que adentro del vaso hay un mosquito.

Lo saca tomándolo de un ala. Indignado, llama al mozo y mostrándoselo le dice:

—Mire lo que había adentro de la copa... repóngame el whisky que se tomó este mosquito.

## 246

Conversan dos turcos en el club Sefaradí:

—Mi mujer se queja mucho de mi personalidad, dice que se siente ahogada, y que no le doy espacio para el desarrollo de sus inquietudes...

—¿Y qué vas a hacer?

—Ordené al arquitecto la ampliación de la cocina.

## 247

Don Elías, ferviente respetuoso y practicante de la religión judía, ya moribundo se convierte al catolicismo.

La familia, desconcertada, no comprende esta actitud tan contradictoria.

El hijo mayor esperó la oportunidad para atreverse a preguntar:

—¿Qué le pasó, papá, que en este momento de su vida tomó tal decisión?

—Hijo mío —contestó Elías—, yo prefiero que muera un mal católico antes que un buen judío.

248

Dos amigos que se conocían desde hacía más de cincuenta años se encuentran en la calle:

—¡Aarón, qué alegría de verte, tanto tiempo, ¿cómo estás!?

—Muy bien, mirá, ahora mismo vengo de hacer una colocación de quinientos mil dólares en la financiera de Freidemberg. La semana pasada me compré un Mercedes Benz fabuloso, ochenta mil dólares, y hace un mes, un piso en Punta del Este con vista a las dos playas, trescientos mil al contado. Estoy saliendo con una chica de veinticinco, y mañana me voy de viaje por dos meses a Europa y Polinesia con Rebeca. Además estoy pagando como cinco mil dólares por mes en el más caro especialista en ateroesclerosis.

250

La Coca Cola había decidido desalojar del mercado a Pepsi Cola, su competidor más importante, para lo cual elaboró una campaña de publicidad total. ACABAR CON PEPSI era el slogan.

Resuelta la cuestión en el directorio, enviaron a Harry Goldemberg a ejecutar la estrategia. Viajó de Estados Unidos al Vaticano y pidió ser atendido por el papa Juan Pablo II.

—Imposible, señor Goldemberg —respondió el

cardenal a cargo del ceremonial. Su Santidad no recibe a empresarios.

—Pero es muy importante para la Coca Cola Inc. que el Santo Padre nos reciba —insiste—. Traigo una propuesta muy interesante para la Iglesia Católica y para toda la comunidad cristiana.

—Su Santidad nunca ha recibido a empresarios y no estamos dispuestos a quebrar la tradición, pero si usted desea yo puedo escucharlo y transmitir su inquietud al Santo Padre.

Goldemberg explica:

—Cardenal, hágale saber al Santo Padre que Coca Cola Inc. está dispuesta a donar en este mismo momento, si fuera aceptada, la suma de dos mil millones de dólares para que la Iglesia los distribuya entre los pobres como lo crea conveniente el Santo Padre; además otros dos mil millones de dólares para que disponga como desee, sin rendición de cuentas.

Además, mi empresa se compromete a donar durante cinco años una Coca Cola por día para cada niño pobre del mundo...

—Muy generoso de vuestra parte, señor Goldemberg, pero ¿qué es lo que su empresa espera de la Iglesia Católica?

—Nos gustaría —dice Goldemberg— que la oración del "Padre Nuestro", en lugar de decir "el pan nuestro de cada día dánoslo hoy", diga "la Coca Cola nuestra de cada día dánosla hoy"...

—Habré de consultarlo con el Santo Padre

—responde el cardenal—, pero debo adelantarle que creo que será imposible. La liturgia católica no admite tales modificaciones, señor Goldemberg, pero igualmente yo lo recibiré mañana para darle la respuesta definitiva de Su Santidad.

Al día siguiente:

—He consultado con el Papa —dice el cardenal— y me ha solicitado le comunique a usted que la Iglesia Católica está muy reconocida con la generosidad de vuestro ofrecimiento pero que su petición no puede ser aceptada, señor Goldemberg.

—Bueno —dice cabizbajo Goldemberg—, admito que he fracasado... pero antes de volver a los Estados Unidos quisiera saber... dígame cardenal... ¿cuánto pusieron los panaderos?

251

Un judío muy rico se convierte al cristianismo. Cuando llega a la casa:

—Papá —le dice un hijo—, dame doscientos pesos para comprar unos libros.

—Moisés —le dice la mujer—, dejame seiscientos que tengo que hacer unas compras...

—Papito —le dice su hija—, dame unos quinientos que me voy el fin de semana.

—Papá —le dice el otro hijo—, necesito ochocientos para la cuota de la moto...

—¡Judíos de mierda —dice Moisés—, no pueden

ver un cristiano con plata que ya quieren dejarlo en la ruina!

252

—¿Moisés —le pregunta un amigo—, por qué te convertiste al cristianismo?

—Mirá —responde Moisés—, yo ya tengo setenta y cinco, hice de todo, y ya no tenía más posibilidades. En cambio los cristianos me prometieron que si les cuento todo, después me rezo unos Padre Nuestro y algunos Ave María que ellos mismos me enseñan, me hacen como una especie de blanqueo, y me dejan seguir con el negocio en el paraíso.

253

El pobre Isidoro Smialinsky estaba fundido. No tenía casi ninguna mercadería en la tienda.

Un día fue un cliente de siempre a comprar un par de zapatillas.

—¿Qué número calzaba usted, don José? —preguntó el tendero.

Luego de mirar la estantería, el fiel y piadoso cliente respondió:

—¿Qué número tiene, don Isidoro?

254

Dos judíos estaban vendiendo camisetas, pañuelos, peine y peineta por las calles de Once, cuando los sorprende un inspector de la DGI in fraganti por vender y no hacer factura en forma legal.

Cuando labra la correspondiente acta de infracción, el inspector pregunta:

—¿Nombre y domicilio?

—Jacobo Grosman, no tengo domicilio, ¿no ve que soy vendedor ambulante?

—Y usted, señor, ¿cómo se llama y dónde vive?

—Me llamo Samuel Grimberg y con Grosman somos vecinos.

255

En la farmacia de Once:

—Deme un cepillo de dientes.

—¿Cómo lo quiere?

—Fuerte, somos nueve de familia.

256

En la gran tienda el gerente de ventas escucha a José Pockard, vendedor de la sección Pesca y Camping, cuando habla con un cliente:

—...pero con el anzuelo solo no hace nada, necesita el hilo para que llegue al agua. Y con el hilo solo... le hace falta un buen reel de pesca. Aquí tenemos unos japoneses que acaban de entrar... son una maravillla... el reel con el hilo se monta en la caña de pescar... mire éstas norteamericanas... ¿con este estuche está bien?... pero usted no va a pescar desde la costa como un perdedor. En la costa están los que no saben pescar, el verdadero pescador se embarca... mire estos botes inflables con motor Honda de 140 HP, además le permiten esquiar... mire estos esquíes, le separo dos pares, y con un poco más se lleva el trailer para acarrear el bote con el auto, y el malacate para bajarlo a la laguna y luego sacarlo del agua sin hacer esfuerzo... Y... ¿dónde va a dormir?... Mire estas carpas alemanas, doble aislación, ya vienen con cuatro bolsas de dormir, y puedo mostrarle estos hermosos calentadores para prepararse el café... o alguna comidita rápida... cuatro asientos de camping, mire estas linternas... ¿divinas, no?, se las agrego. Bueno, permítame que autoricemos su tarjeta... son dieciocho mil cuatrocientos doce... en un solo pago, o prefiere en tres con un módico interés?

El gerente no pudo más. Llama a José Pockard para felicitarlo:

—José, usted es espectacular... es el mejor vendedor que jamás he visto... es un verdadero vendedor judío... es... no sé cómo felicitarlo. Dígame, José, ¿a ese hombre usted lo conocía de antes... era cliente habitual de su sección?

—No, señor gerente, pasaba caminando y me

preguntó si en esta tienda se vendían tampones.

—¿Y usted le indicó dónde los vendemos?

—Sí, pero inmediatamente le pregunté qué pensaba hacer el fin de semana...

257

(Leer previamente el anterior.) Una elegante muchacha comenta con su marido:

—¿Sabés, Mario, estuve en la tienda y en la sección deportes, se me acercó el vendedor, un tal José Pockard... ¡qué simpático... me invitó a tomar un café...! ¡yo no quise aceptar! Le dije, señor, soy casada y no puedo aceptarle nada... pero insistió tanto y me preguntó qué haría si no tomaba un café con él, y finalmente acepté.

El marido exclama:

—¡Date por cornudo Mario, date por cornudo...!

258

En el bar:

—Mozo, tráigame un sándwich de miga, pero sin jamón, soy judío y no puedo comer jamón.

El mozo responde:

—Imposible, señor, tendrá que ser sin otra cosa, porque el jamón ya se acabó.

259

El detective le lleva a Jaime las pruebas de la infidelidad de Sarita.

—No se puede creer —dice Jaime, mientras le muestran los videos de Sarita haciendo el amor con Cohen.

—Bueno, señor Jaime, aquí están las pruebas.

—¡No se puede creer —dice Jaime— que un millonario inteligente como Cohen pueda divertirse tanto con Sarita!

260

—¿Samuel, qué le vas a regalar a tu papá para el día del padre?

—Nada, yo no tengo padre, mi mamá me tuvo con un tío.

261

Mientras las judías jugaban al buraco:

—A que no adivinás cuál es la palabra de cuatro letras que más me excita, Dorita.

—¿Pene?

—Perdiste, Susy: cash.

262

Diálogo entre Carlos y Jaimito, el hermanito de la novia:

—Jaimito, ya es muy tarde, yo estoy charlando con tu hermana... dejanos tranquilos... tomá cinco pesos y andate a tu pieza.

—Mejor dame veinte y vayan ustedes.

263

Un judío va a consultar a un médico porque le ha crecido una gran cantidad de pelo en todo el cuerpo. El médico lo revisa y el paciente le pregunta:

—Diga, doctor, ¿qué estoy padeciendo?

—Se está padeciendo a un oso —responde el médico.

264

Samuel Grimberg visita al prestigioso especialista en clínica y cirugía torácica, doctor Norberto Slavich. Terminada la consulta el médico le informa sobre su dolencia y tratamiento a seguir, y le hace saber que por la consulta le debe u$s 500.

—¡Yo no poido pagar eso, doctor...!

—Bueno —dice el médico—, si no puede, yo seré considerado con usted, que es una persona mayor...

le cobraré u$s 300.

—¡Yo no tengo tanta plata, doctor...!

—Este... bueno... entonces le cobraré, por esta única vez y muy excepcionalmente, u$s 200 por la consulta, pero le ruego que nadie se entere.

—¡Tampoco tengo eso, doctor!

—Está bien, mire, pague lo que usted pensaba que le costaría y trate de no volver más a consultarme.

—¿Y quién dijo que yo pensaba pagar...?

—¡Si usted sabía que no iba a pagar, no debió verme justamente a mí, que soy el médico más prestigioso y caro en esta especialidad, señor Grimberg!

—Tratándose de mi salud —aclara Grimberg—, ¿qué voy a fijarme en el precio, doctor...?

## 265

El auto en el que viajaba la familia judía vuelca. Don Samuel, con gran dificultad sale del habitáculo, se incorpora y rápidamente hace la señal de la cruz.

Los hijos lo miran y exclaman: "Papá se volvió loco, está haciendo la señal de la cruz de los cristianos".

Samuel aclara:

—Ninguna señal de la cruz. Yo me fijé: cabeza, corazón, billetera y diente de oro... está todo bien.

266

Un judío andaba pidiendo por los negocios de Once. Un conocido comerciante del barrio le dice al mendigo:

—Isaac, vení mañana, hoy no tengo cambio.

—¿Pero me vas a dar, o no me vas a dar?

—Sí, claro que te voy a dar, pero vení mañana, te dije que hoy no tengo cambio.

—Ya que me das, me quedo hasta que tengas cambio. Yo no trabajo a crédito.

267

Un poco de historia judía

LOS DOCUMENTOS HISTÓRICOS HAN DETERMINADO QUE LA GUERRA DE LOS SEIS DÍAS DURÓ SOLAMENTE SEIS DÍAS PORQUE ISRAEL LUCHABA CON ARMAMENTO ALQUILADO.

268

Un domingo se encuentran dos amigos en el club judío. Intercambian comentarios:

—No sabés el problema que tengo —dice Jacobo—: desde que me separé mi casa es un caos. Las mucamas que tomé no me duraron más de ocho o diez días, me robaron, faltaban al trabajo, trajeron tipos a casa... un desastre. Ahora no tengo quien me lave ni me planche la ropa. Ando sin ropa limpia, con la casa desordenada, gastando una fortuna comiendo afuera...

—Yo solucioné ese problema perfectamente —dice Jaime—. Tengo un mono amaestrado que me limpia la casa, me saca la basura, hace las compras, cocina, pone la mesa, lava, plancha. No gasto ni en bananas; se hizo amigo del frutero y se las regala. ¡Una verdadera monada, che!

—¿Cómo puedo conseguir uno como el tuyo, Jaime? —pregunta Jacobo.

—No hay más. Pero vos sos un hombre de suerte... yo me voy por seis meses a Europa, y por ser mi amigo puedo venderte a "Chulín", el mío. ¡Dos mil y es tuyo! Pero prometeme que lo vas a cuidar como yo... él te sabrá retribuir el cariño que le des!

Cerraron trato, y Jaime se ausentó del club por seis meses, supuestamente porque se había ido a Europa. Un día apareció, y es increpado por Jacobo:

—¡Jaime, me estafaste! Ese mono que me vendiste no sirve para nada. Se pasa todo el día subido al ropero, salta a la araña, se hamaca, ya me dejó sin luz catorce veces; se tira en la cama; ensucia toda la casa; abre la heladera y se come todo; me destruyó ropa, cuadros, libros... ¿Jaime, cómo me engañaste con ese animal justo a mí...?

—¡Callate bobo! Si te seguís quejando así del mono en el club, ¿quién te lo va a comprar?

## 269

En la Guerra del Golfo el oficial israelí arengó a sus soldados, y les hizo saber que si era necesario ganarle al enemigo musulmán, lucharían hombre a hombre, cuerpo a cuerpo.

Jaime Goldemberg, que estaba escuchando atentamente en la formación, levantó la mano y preguntó:

—¿Yo podré saber quién es el hombre con el que me toca pelear? En una de ésas podemos negociar, ¿no?

## 270

Un falso médico se ganaba la vida como tal. Un día lo llaman para ver a un enfermo. Lo observa y diagnostica:

—Cáncer de piel. Esas manchas blancas en las manos son las típicas del cáncer. Y se lo ve muy avanzado...

—¡Pero doctor —dice la esposa del enfermo—, mi marido es albañil y esas manchas son de cal... esta mañana estuvo haciendo una pared...!

—Menos mal que hizo la pared —aclara el falso médico—, se salvó del cáncer de piel.

271

Sarita le cuenta a Aarón:

—Hoy en la puerta del colegio hebreo me encontré con el papá de un compañero de Carlitos que me dijo que fue compañero tuyo en la escuela primaria. Te mandó muchos saludos. Me dijo su nombre pero me olvidé... es un tipo que es industrial, de barba, bigotes, pelo canoso...

—Ese hombre estará equivocado, Rebeca —dijo Aarón—. Yo en la escuela primaria no tenía ningún compañero industrial, de barba, bigotes y pelo canoso.

272

Un judío que quería saber cuál de sus socios les robaba va a consultar a un brujo. En la puerta hay un cartel que dice:

PAI JACOBO ADIVINADOR CONSULTA $ 20.

El judío toca el timbre y desde adentro le preguntan:

—¿Quién es...?

—Yo con vos no gasto plata —dice el judío.

273

Conversación telefónica:

—Hola, Dorita... me dieron su número... bueno, quisiera tener una entrevista.

—...

—u$s 200... está bien... en su departamento a las 11 de la noche... Sí, tengo la dirección. Hasta esta noche.

La visita se repite al día siguiente, a los dos días, y así que el quinto día, después de cobrar los 200 de cada vez, Dorita, intrigada, pregunta:

—Amorcito, ¿quién te dio mi teléfono?

—Tu hermana que vive en Córdoba —contesta Jaime—, ella me dijo que eras la prosti más bonita que había venido de la provincia.

—Ah... mi hermana Susy —dice Dorita—, todavía me debe mil dólares que le presté el invierno pasado... ¿No los mandó con vos?

—Sí, los mandó.

—Ah, qué bueno —dice Dorita—, dámelos Jaime.

—¿Cómo, y lo que ya te pagué?

274

Una judía se encuentra con otra:

—¡Raquel, qué desesperación! Menos mal que te veo, estaba sufriendo horrores. Ayer fuimos con Mauricio al cementerio de La Tablada y vimos una tumba con la inscripción "Raquel Bojtemberg". Pensamos que te habías muerto, Raquel...

—No, tonta, es la de mi marido que murió hace

ocho años... ¿no sabés que el pobre Shímele ponía todo a nombre mío?

## 275

En el circo de los Grimberg Brothers ponen un gran cartel:

SE NECESITA PERRO.

Aparece una persona con varios perros y los presenta:

—Este perro salta el aro de fuego como un león; hace rodar el globo...

—No me interesa —dice Samuel Grimberg.

—Éste es ventrílocuo, simula que canta, el tigre, un espectáculo emocionante...

—No me interesa.

—Este otro se mete en la jaula de los leones, y los ordena. Los hace poner en fila, caminar, correr, saltar. Con la cola dirige a las fieras.

—No me interesa —dice Samuel parcamente.

—¿Y entonces qué habilidades espera del perro?

—Ninguna —aclara el dueño del circo—, sólo queremos un perro que sirva para perro.

## 276

Un beduino va con su camello por el desierto, sediento, casi moribundo por la falta de agua.

Se le acerca un judío que vendía corbatas, insistiéndole para que le compre una:

—¡Qué corbata ni corbata, estoy muerto de sed, quiero agua, agua...!

—¿Y por qué no compras corbata?

—Usted es un judío estúpido, yo tengo sed... vender corbatas en el desierto... quiero agua...!

El beduino sigue con su camello, cuando ya casi desfalleciendo ve en el horizonte un lujoso edificio. Era un hotel cinco estrellas. Se acerca esperanzado a tomar agua, mucha agua; pero en el pórtico del cerco que lo protegía de curiosos y extraños lee: MOISHES INN HOTEL - PROHIBIDO INGRESO SIN CORBATA.

277

Fridman regresa a su casa después de la gira de venta por el interior. Descubre que Sarita le ha sido infiel durante su ausencia.

—¿Quién fue? —grita—, ¿ese cretino de Rotemberg?

—No, no fue Rotemberg.

—Entonces fue con Ghisber.

—No, tampoco fue Ghisber.

—¿Lo hiciste con Colosky?

—No, tampoco.

—¿Qué pasa? —pregunta el marido—. ¿Los judíos ya no te gustan?

## 278

Un joven judío le cuenta al analista:

—Conocí a una muchacha muy llamativa en un baile de la colectividad. Me gustó mucho, bailamos hasta las cuatro de la mañana, pero me invitó a su departamento en Barrio Norte. En un momento se sacó toda la ropa y comenzó a gritar. ¡Qué calor que hace... qué calor que hace... y encendió el acondicionador de aire al máximo. Después empezó a decir, ¡ola de frío, ola de frío!, se puso todos los abrigos que tenía en los placares y empezó a tiritar... En un momento dado encendió el ventilador de techo, agitaba todos los papeles, los revoleaba por el aire mientras decía: "¡Vino la tormenta... vino la tormenta!". Después apareció con un balde de agua en cada mano. Los desparramó por el suelo y comenzó a gritar: "¡Inundación. Inundación...!" Después salió al balcón del décimo piso sobre Arenales, se paró sobre la baranda y empezó a gritar: "¡Abismo... abismo...!"

—...

—¿Qué piensa, doctor?

—Pienso que el de la muchacha es un cuadro de patología psíquica muy severo. ¿Por qué no se fue del departamento?

—¿Salir... con esa noche, doctor...?

279

Un judío rico y solterón visita al rabino y le pide que prepare el Bar Mitzvá (ceremonia ritual de los trece años, que marca la mayoría de edad religiosa) para su perro, un elegante Gran Danés.

El rabino queda espantado:

—Imposible —le dice—. ¡¿Bar Mitzvá para un perro...?!

—Qué lástima, rebe, tendré que ir a ver al que le hizo la circuncisión hace trece años cuando nació, y sólo me cobró diez mil dólares.

—Ah —dice el rabino—, si el perro ya es judío es otra cosa.

280

Un empresario judío estaba muy enfermo y había decidido hacer su testamento.

Pidió a su escribano que pusiera en su acto de última voluntad que dejaba una gratificación de 30.000 dólares a cada empleado que hubiera trabajado treinta años o más en su empresa. Y que los términos del testamento fueran publicados en todos los diarios.

El escribano le recuerda que la empresa sólo tiene veintidós años, por lo que a nadie iba a favorecer ese legado.

—No importa —dijo don Marcos—, yo voy a quedar muy bien en la colectividad cuando lean el diario.

Total,¿quién sabe cuánto hace que tengo la fábrica?

281

El profesor y jurista argentino Aldo Armando Cocca, experto internacional en Derecho Espacial, formó un grupo de trabajo para estudiar la condición jurídica del cosmonauta. Las monografías que se le presentaron fueron las siguientes:

Del alumno argentino: El cosmonauta, el dulce de leche y los colectivos. Tres inventos argentinos.

Del norteamericano: El cosmonauta, enviado de la humanidad.

Del ruso Igor Seltoroff: El cosmonauta y su condición de ex empleado público.

Del francés Jacques Demoine: El cosmonauta y las nuevas reglas de la cortesía espacial.

De Samuel Grimberg: El espacio ultraterrestre. Un nuevo ámbito para la discriminación del cosmonauta judío.

282

El psicoanalista va caminando por la calle Larrea cargando con una reposera, cuando se cruza con un paciente:

—¿Adónde va con esa reposera, doctor?

—Estoy haciendo domicilios.

283

Un poco de historia

Ya está confirmado que fue el judío Iceberg el culpable del hundimiento del Titanic.

284

—Sabés, Jacobo, compré un collar para mi mujer.

—¿Para qué gastastes plata?, si podías llevarla suelta, como yo.

285

Sabiduría judía:

Una ídishe mame siempre perdona y olvida. Lo único que no perdona ni olvida, es que perdonó y olvidó.

286

Se encuentran dos amigos judíos en un bar de Once; uno le comenta al otro:

—Mirá, Jacobo, ando muy mal, ya no aguanto más. Mi mujer quiere sexo todo el día y ya estoy destruido, no sé lo que le pasa; pero yo tengo que satisfacerla porque si no puede pasar cualquier cosa con otro, ¿me entendés, no?

A la mañana, se levanta con todas las energías, me exige sexo dos veces. Salgo a trabajar como a las diez u once cuando ya otros hicieron un montón de ventas y yo me las perdí. A mediodía tengo que regresar a casa, comer y otra vez sexo... A las cinco de la tarde quiere que esté en casa para tomar unos mates y... sexo. A la noche en cuanto terminamos de comer, no puedo charlar con los chicos, los manda a dormir y... sexo. ¡Esto es imposible!

—¿Qué clase de judío sos, David? —dice Jacobo—. ¿Cómo es que no te ingeniaste con una judía? Vos conocés bien nuestra idiosincrasia. ¡Cobrale! Cuando tenga que pagarte va a cuidar el bolsillo. Sarita será calentona pero derrochona no. Tonta menos.

—Me parece de meshíguene cobrarle a mi mujer, pero voy a hacerte caso. Así no puedo seguir.

Todo el camino de regreso a su casa anduvo pensando cómo iba a plantearle a su esposa que si no hay plata, nada.

Llegó, y fue como siempre, ansiosamente recibido por Sarita:

—¡Hola, amor mío, te estaba esperando con toda pasión! Estoy loca por vos, David. Vení rápido al dormitorio que los chicos no están —mientras comenzaba a desvestirse.

—Esperá un poco: ¡nada de vení rápido al dormitorio! ¡Tenemos que hablar de precio! Si vos querés acá en la cocina, son veinte pesos; si querés en el dormitorio de los chicos cuando ellos no están, son treinta pesos; y si querés en el dormitorio principal con todos los lujos y accesorios, son cien pesos.

Sarita, medio desconcertada pero como aceptando la propuesta más cara, tomó su cartera y sacó un billete de cien pesos.

—Tomá, aquí tenés los cien pesos. Quiero cinco en la cocina.

287

Dos amigos en el cine:

—¿Manuel, tu asiento es cómodo?

—Sí, Jacobo.

—Y decime, ¿ves bien?

—Sí, Jacobo.

—Y decime, Manuel, ¿el de adelante no mueve la cabeza para todos lados?

—No, Jacobo.

—¿Y el de al lado no te empuja con el codo?

—No, Jacobo.

—Entonces cambiame el asiento.

288

Diálogo matrimonial:

—Rosita, después de cuatro sesiones con el analista me di cuenta de que ya no me interesás más.

—Yo, Mario —aclara Rosita—, también necesité de cuatro con el psicólogo, tres con el contador, cinco con el abogado, y varias con mi actual ginecólogo para darme cuenta de lo mismo.

## 289

SABIDURÍA

Las tres cosas más lindas de la vida son un whisky antes y un cigarrillo después.

## 290

El tendero Moisés estaba viendo los precios de otra vidriera. Comienza a desesperarse:

Sacos $ 10. Sobretodos $ 15. Pantalones $ 8. Vestidos $ 10. Le comenta a su mujer:

—Mirá esta tienda. Con estos precios nos van a fundir.

—No es una tienda, Moisés. Es una tintorería.

## 291

En el aeropuerto Ben Gurión de Tel Aviv.

—¡Documentos por favor!

—¿Para qué documento? —pregunta Rabinovich—. ¿No es mejor cheque de tercero?

292

A su regreso de Buenos Aires, Rabinovich es interrogado por el inspector de Aduana que observa la cantidad de equipaje que traía el viajero:

—¿Electrónicos, joyas, licores...?

—Si puedo pagar con cheque a 90 días, hacemos negocio.

293

Rabinovich le dice a su hijo:

—Mira, hijo, yo ya conocí Israel. Ahora quiero premiarte a vos. Si te portas bien irás quince días a pasear a Israel; y si te portas mal, irás a vivir.

294

Dos judíos que eran socios en una joyería tenían en común a Dorita, la empleada administrativa, por amante. Cuando quedó embarazada hubo un gran conflicto: ninguno aceptaba su posible paternidad. Pensaban en los gastos de la clínica, en la alimentación, vestido y educación del pequeño. Se agarraban la cabeza, cada uno por su lado.

Un día llamaron a la joyería para avisar que Dorita había tenido familia. Luego de una larga disputa porque ni Mario ni Simón querían hacerse cargo del tema, acuerdan ir juntos a la clínica. Cuando llegan a la puerta ninguno quiere subir:

—Andá vos que es tuyo —dice Mario.

—No, mío no es, es tuyo, hacete cargo —responde Simón.

Luego de casi dos horas de discusión en el hall resuelven tirar la moneda para ver quién sube.

Le toca a Simón. Sube y a los cinco minutos ya está de vuelta.

—¿Qué pasó? —pregunta Mario.

—Ya está todo bien —dice Simón—. Dorita tuvo mellizos, pero desgraciadamente el mío se murió.

295

El médico le dice al paciente:

—Quédese tranquilo, usted vivirá por lo menos hasta los ochenta.

—Doctor, yo ya tengo ochenta...

—¿Y qué le dije?

296

En una iglesia católica, después de la misa, un asistente pide confesarse. Ingresa al confesionario y le cuenta al cura:

—Padre, tengo un cargo de conciencia. Seduje a la esposa del presidente de la empresa. Fue mi amante hasta que por ella conseguí que me nombraran gerente general en la firma.

—Bueno —dice el cura—, invoca a la misericordia de la Virgen María y la infinita bondad de Nuestro Señor Jesucristo, y si no reincides en el pecado serás perdonado.

—Pero también me entusiasmé con la esposa del contador de la empresa —cuenta el pecador— y bueno... también la seduje y la tuve por amante durante tres meses. Cuando empezó a ponerse cargosa para que le devolviera los veinte mil que me prestó sin que el marido se enterase, la tuve que dejar.

—La misericordia del Señor es infinita hijo, ruega... —recomienda el cura.

—Y también con mi cuñadita, Padre, la hermanita de mi mujer que tiene veinticinco años y el marido es medio estúpido... se va de gira de ventas, y yo le cuido el BMW y a mi cuñadita, Padre...

—Eso ya es muy grave hijo mío. Además de pecar, has violado el respeto por la familia. Debes rezar cien Padre Nuestro, cincuenta Ave María, cuatrocientos Credos...

—Imposible, no sé rezar ni creo en sus oraciones, yo soy judío, Padre.

—Si eres judío, es extraño que hayas venido a confesar tus pecados a la iglesia... si no sabes rezar ni crees...

—Necesitaba contarlo, ya me siento muy bien y agradecido a usted que me ha escuchado. Por lo mismo, un psicoanalista quería cobrarme setenta pesos, Padre.

297

Diálogo matrimonial:

—¡Cómo ha cambiado todo, Mario! Cuando éramos novios me decías que con sólo verme un momento ya eras feliz...

—¿Y qué es lo que ha cambiado?, ahora también sería feliz si sólo te viera por un momento, Berta.

298

Después de muchas horas de insistente conversación, el tesorero de una institución benéfica consiguió que el millonario judío diera su aporte y dejara un cheque en sobre cerrado.

Al día siguiente el tesorero llama a la casa del millonario para hacerle saber que el cheque estaba sin firmar.

—No se preocupe —dice el judío—, cuando hago una obra de bien prefiero quedar en el anonimato.

299

Hijo de un gaucho judío de un pequeño pueblito

de Entre Ríos, Atanasio Goldemberg estaba un día en la pulpería de don Fuentes, cuando no pudo contener un estruendoso pedo. "Parecía que el cielo se venía abajo", comentaban unos parroquianos. "No sabíamos si era un terremoto o la segunda bomba de Hiroshima", agregaban otros.

Atanasio Goldemberg no soportó la vergüenza por lo ocurrido, y resolvió emigrar hacia las luces de Buenos Aires, donde nadie lo conocía.

Venta de botones por la calle, después tiendita, finalmente shopping, multinacional, etc.

Pasan los años, los decenios, pero seguía con aquella nostalgia de no haber vuelto nunca más al lugar natal.

Un día se decide. Toma su Mercedes Benz y llega al pueblito. Encuentra todo cambiado. Luces de neón, edificios, aeroclub, semáforos, etc.

Busca y encuentra que todavía estaba la pulpería de Fuentes. Entra y ve que todo estaba igual. La misma heladera de cuatro puertas, los jamones y salames colgados. Pero el dueño no era el mismo. Se emociona con los recuerdos, y comienza el diálogo con el pulpero:

—Buenas tardes, ¿qué puedo servirle al señor?

—Una ginebrita con hielo —dice Atanasio, mientras sigue mirando para todos lados.

—¿Usted viene de afuera, señor?

—Sí, de Buenos Aires. ¿Y usted, hace mucho que está en la pulpería?

—Y... mire... cuarenta y cuatro menos dos, deben

ser unos cuarenta y dos años... Sí, cuarenta y dos, porque cuando Fuentes me vendió la pulpería, ya hacía dos años que Atanasio se había tirado el pedo.

## 300

Un judío entra en la veterinaria con un loro, y le manifiesta al vendedor su disconformidad con el pájaro que le había vendido, y que lo va a devolver, porque no habla como debe hacerlo un loro de ese precio.

El diálogo con el vendedor es éste:

—¿Y por qué quiere devolver el loro que tanto le gustó la semana pasada? —pregunta el veterinario.

—Por... por... por... porque se vol... se vol... se volvió, tar... tar... tar... tamudo.

## 301

Un judío quiere inscribirse en el Club Asociación Deportiva Acción de la Comunidad Católica. Llena la planilla frente a la empleada de secretaría:

—¿Nombre?

—Samuel Grimberg... este... eh... Ismael Grimaldi.

—¿Edad?

—40 años.

—¿Profesión?

—Vendedor.

—¿Religión?

—Goy —dice Samuel.

302

REFLEXIONES DE SAMUEL GRIMBERG:

La esposa de uno es como la campera de cuero. Carísima, no te calienta para nada, y te dura toda la vida.

303

—Sarita, perdí la apuesta en el póker, tenés que hacer el amor con mi amigo Rosemberg.

—Bueno... —dice Sarita—, menos mal que no jugastes plata, papá.

304

En la época de la hiperinflación, García y Blumenthal eran socios en la casa de cambios en negro que tenían en Villa Crespo, pero como era de esperar, el mago de las finanzas era Blumenthal. García, gallego laburador, lo seguía. Justamente en el Día del Perdón, hubo una "escalada" del dólar, y estaba García solo al frente del negocio, sin saber bien cómo resolver la situación.

El dólar, que había abierto a cinco mil australes, andaba por siete mil quinientos para las doce del día, y no se sabía si seguiría subiendo, o si se derrumbaba antes de cerrar la jornada.

García tenía que decidir si compraba o si vendía a siete mil quinientos. Había en juego mucho dinero, por lo que resuelve interrumpir a su socio que estaba en el templo de la calle Camargo, en plena consagración religiosa y oración, precisamente en ese día tan importante para la religión judía.

Tímidamente, García entra y empieza a buscar a su socio entre todos los judíos que estaban orando bajo el taleth (mantilla religiosa judía), llamando bajito entre la feligresía disgustada por la inconducta y falta de respeto: "Blumenthal... Blumenthal..." hasta que finalmente encuentra a su socio y le explica la situación.

—Comprá —dice Blumenthal—, aquí ya estamos operando a siete mil ochocientos...

## 305

Samuel Grimberg era el conserje de un importante hotel en Buenos Aires. Un pasajero del interior le hace saber que quiere "una señorita...", pero que sólo dispone de un ratito mientras su esposa está haciendo compras en Galerías Pacífico.

El conserje le muestra un catálogo con fotos de las "scorts" con su correspondiente tarifario. La más barata costaba doscientos dólares. "Por menos de doscientos únicamente porquerías", agrega el hotelero.

Como el pasajero no quería pagar más que cincuenta, queda todo sin concretar.

El turista cambia de idea y decide ir hacia Galerías Pacífico para buscar a su mujer.

Cuando el matrimonio viene caminando se cruza con Samuel Grimberg, quien intercepta al cliente y le dice:

—¿No te dije... viste la porquería que conseguiste por cincuenta...?

306

CURIOSIDADES:

Los judíos de Holanda se van de vacaciones a otro bar.

307

Tres madres judías comentan de sus hijos:

—No saben —dice la primera—, mi hijo es tan inteligente y estudioso que se recibió de abogado, médico y dentista.

—El mío, en cambio, es tan hábil para los negocios que compró tres casas en Buenos Aires, dos departamentos en Punta del Este y tres autos, dos para él y uno para la bruja de mi nuera —dice la segunda.

La tercera dice:

—Mi hijo tiene el pene tan largo que se pueden posar dieciocho pajaritos uno al lado del otro.

Llega el momento de sincerarse:

—En verdad, mi hijo sólo estudió abogacía, pero tuvo que dejar por casarse con la estúpida de esa goy que lo enganchó —dice la primera.

—El mío —dice la segunda— sólo tiene un departamento en Almagro y un auto que usa la bruja de mi nuera.

—En verdad —dice la última—, en el pene de mi hijo el último pajarito se para en una sola pata.

308

Jacobo llama por teléfono a Jaime para ofrecerle mil docenas de pelotitas de golf, primera marca, a cincuenta centavos de dólar la docena.

Jaime las compra, y a su vez llama a Abraham para venderle las pelotitas a sesenta centavos de dólar.

Abraham las compra y llama a David para vendérselas a setenta centavos la docena.

David, que las compra, llama a su vez a Isaac, quien las compra a ochenta centavos y a su vez se las vende a Samuel a noventa.

Samuel Grimberg se las vende a Aarón Goldstein a un dólar la docena.

El lunes siguiente, Goldstein, que es golfista, llama a Samuel para increparlo:

—Me metiste el perro —le dice—. Esas pelotitas que me vendiste no sirven para nada. Las llevé el fin de semana al golf: un desastre. No vuelan; salen para cualquier lado, en el green se frenan o se pasan cinco metros del hoyo, serpentean para todos lados. No pude jugar ni un solo hoyo con esa porquería...

—¿Qué clase de judío sos vos? —responde Samuel Grimberg—. Esas pelotitas no son para jugar, sonso... son para vender...

309

REFLEXIÓN FILOSÓFICA DE SAMUEL GRIMBERG:

Dios creó a los judíos y a los no judíos, para que los goy se dediquen a la venta al por menor.

310

Un judío estaba sentado en el banco de una plaza cuando un pajarito que pasa lo caga en la cabeza. El judío levanta la vista, mira al pájaro y le dice: "Seguro que si yo fuera goy me hubieras cantado".

311

Samuel Grimberg comenta con su esposa:

—Mira, Rebeca, estoy muy entusiasmado con el negocio que encaramos con Jacobo. Si nos sale bien podremos ir a pasear a Israel; pero si nos sale mal nos tendremos que ir a vivir a Israel.

312

Un judío estaba rezando en la sinagoga y le pedía a Dios que le hiciera ganar cien mil dólares, porque estaba arruinado con la deuda bancaria. "Necesito cien mil dólares para pagar al banco, si no me rematan la fábrica", imploraba.

Al lado, había otro judío pidiéndole a Dios le haga ganar treinta pesos que le faltaban para pagar el alquiler.

El que pedía cien mil dólares escucha que el otro pedía los treinta pesos con voz cada vez más fuerte: "Por favor, haceme ganar treinta pesos... por favor, Dios, te lo pido, necesito treinta pesos, Dios, te lo imploro...".

El otro, con mal modo, mete la mano en el bolsillo, saca dinero y le dice:

—¡Tomá, estúpido, aquí tenés treinta pesos, andá a pagar el alquiler! No me distraigas a Dios por tan poca plata.

313

Charla telefónica entre Susy y Esther:

—Ayer te vi pasar en un auto bárbaro Susy, ¿tu amante mejoró de situación?

—No —responde Susy—, mejoré de amante.

314

Diálogo entre Adán y Eva:

—¿Adán, es verdad que me amás?

—No me queda otra, Eva.

315

Judith y su novio salían con el auto.

—Hija, tené cuidado cuando viajan —recomendó la madre de Judith.

—Y vos —dirigiéndose al novio—, más cuidado cuando paran —agregó el padre.

316

Un judío que estaba paseando por Holanda entró a comer en un restaurante judío de comida kasher, en el que fue atendido por un mozo paraguayo, que a pesar de haber llegado a Amsterdam hacía apenas unos meses, hablaba en perfecto idish.

El comensal, antes de retirarse, felicitó al dueño del restaurante por lo bien que le habían enseñado al paraguayo el idioma idish.

—Hable bajo —dijo el dueño—, él cree que le estamos enseñando holandés.

## 317

—¿Qué hacen tus hijos? —pregunta Rackman a Fleisher.

—El mayor, gracias a Dios, es médico; el segundo, gracias a Dios, es abogado; y el tercero, gracias a Dios, es arquitecto, pero con mi tiendita, gracias a Dios, vivimos todos.

## 318

En un tren, cuatro vendedores, cada uno con su correspondiente valija de muestrario, se pusieron a charlar. A los diez minutos, uno de ellos sacó un mazo de barajas y se pusieron a jugar al truco. Cuando ya estaban más familiarizados, decidieron presentarse:

—Yo soy García —dijo uno— y vendo lencería.

—Yo soy Martínez, mucho gusto, y vendo botonería —dijo otro.

—Yo me llamo Pérez, y llevo camisería —dijo el tercero.

—Yo llevo sábanas y toallas, y también soy Cohen —sinceró el cuarto.

319

En el avión, una elegante pasajera estaba leyendo una revista. De reojo, Samuel Grimberg, que estaba en el asiento vecino, observa lo que leía la muchacha. Era una nota sobre sexología en la cual se expresaba que mientras que los aborígenes americanos tenían los penes de mayor tamaño, los hombres judíos eran quienes mantenían erecciones más prolongadas.

—Mi nombre es Susana González, encantada de conocerlo —dice la muchacha.

—Yo soy el cacique Grimberg, el gusto es mío —dice Samuel.

320

Dos judíos entablan conversación en el avión que vuela hacia Tel Aviv:

—¿Es la primera vez que va hacia Israel?

—No, no, viajo todos los años. Me dedico al comercio exterior, y vengo siempre por contactos comerciales. ¿Y usted?

—Yo soy escritor y periodista —dice el otro—, y vengo sólo por tres días, con el propósito de escribir un libro sobre Israel.

—¡Qué interesante! Y ¿cómo se llamará su libro?
—"Israel, Ayer, Hoy y Mañana".

321

—Doctor, sufro de pérdida de la memoria. ¿Qué debo hacer?
—Pagarme la consulta por adelantado —responde el médico.

322

Severino Modesto González, humilde y fiel empleado de la empresa de Grimberg, entra en el despacho de este último:
—Disculpe que lo moleste, señor Samuel, pero el problema es que hace un año que no cobro el sueldo.
—No se preocupe, González, está disculpado.

323

Se encuentran dos marcianos:
—¿Cómo te llamás?
—MJ 43-98/99586423, ¿y vos?
—Yo, KL 66-09/66755466
—Mirá qué casualidad, ¡así que vos también sos judío!

324

Dos judíos habían ido de cacería. En un momento dado se les aparece un felino. Uno pregunta al otro:

—¿Qué es, un tigre o una pantera?

—¿Por qué tengo que saberlo, acaso soy peletero yo?

325

En el aeropuerto de París, se acerca un judío muy viejito al mostrador de El Al, y le dice a la empleada que lo atiende que su último deseo es morir en Israel, pero que no tiene dinero para pagarse el pasaje hasta Tel Aviv. Implora, y pide que lo lleven en el avión que partiría un rato más tarde, porque, insiste, anhelaba morir en Israel.

Consultan con jefes, gerentes y otras autoridades de la aerolínea, hasta que finalmente el comandante accede llevar al viejito en la cabina, junto con la tripulación.

Agradecidísimo, cuando llegan a Tel Aviv el anciano besa la mano al comandante que había sido tan humano y generoso con él.

Un mes más tarde se presenta el viejito en el aeropuerto de Tel Aviv, pidiendo ser llevado gratuitamente a Francia. Luego de las deliberaciones de rigor, consultan con el comandante del próximo vuelo, quien ya estaba listo para hacerse cargo de la máquina.

El tripulante se acerca y reconoce al mismo viejito que el mes anterior había traído desde Francia. Disgustado lo encara:

—Por humanidad lo traje desde Francia, porque usted imploró para venir a morir a Israel...

—Es verdad, para morir: Israel —dice el viejito—, pero aquí me tiene, para vivir prefiero París.

326

En el geriátrico charlan dos pacientes:

—¿Sabés, Cohen?, hoy Dios me dio la juventud...

—Yo no te di nada —responde Cohen.

327

Un amigo comenta con otro:

—Ya no doy más, mi mujer se pasa el día pidiéndome plata, es insoportable, me va a fundir...

—¿Y para qué quiere tu mujer la plata?

—Y yo qué sé, ¿acaso te creés que le doy?

328

Un judío moribundo estaba junto a su mujer, redactando el testamento, mientras la esposa copiaba:

—Dejo el Mercedes Benz a mi hijo Marcos...

—¿Estás meshíguene? —cuestiona Rebeca—. ¿Vas a dejar el Mercedes a ese papanata? Lo va a destruir en dos días, anda como loco, se va a estrellar contra un paredón.

—Y dejo las acciones de la financiera a mi hija Dorita...

—¿A Dorita, que no sabe dónde está parada? —interroga Rebeca—. Va a llevar a la financiera a la quiebra. Nuestro apellido, que vos tanto cuidaste... ¿lo vas a dejar en manos de Dorita...?

—Dejo mi departamento de Punta del Este a mi hija menor, Judith...

—¿A Judith le vas a dejar el departamento de Punta del Este? —cuestiona Rebeca—, ¿para que lo aproveche el vago del marido...? Si el marido de Judith quiere departamento en Punta del Este, que se lo compre con la plata de su familia...

—Decime, Rebeca —pregunta el judío—, ¿quién es el que se está muriendo, vos o yo?

329

GRAVE DILEMA PARA UN JUDÍO: "Jamón gratis".

330

Un cura joven era terriblemente antisemita. En los

sermones siempre decía que "el judío Judas fue quien traicionó a Nuestro Señor Jesucristo..."

El obispo llamó la atención al curita, y le prohibió que hiciera toda referencia a la condición de judío de Judas.

En el siguiente sermón, el cura relató así:

"Y el Señor Jesucristo preguntó a Judas: ¿has sido tú quien me ha traicionado?

Y entonces Judas contestó: ¿Qué te pasa, Jesús, desde que te hiciste goy te volviste meshíguene...?"

331

Comentan dos amigos judíos:

—El negocio me va muy mal. Estoy perdiendo doscientos dólares por día...

—Si es así, ¿por qué no lo cerrás?

—¡¿Cerrarlo?! ¿Y de qué querés que viva, entonces?

332

Un judío muy pobre se internó en un lujoso sanatorio atendido por monjas católicas. La monja que lo atendía le preguntó sobre su familia. El judío contestó que la única familia que tenía era una hermana convertida al cristianismo, y que se había hecho monja, y que tampoco tenía plata. "La muy estúpida se casó con Dios", dijo el paciente.

La monja pregunta:

—Si usted no tiene dinero y su hermana tampoco, ¿quién se hará cargo de la cuenta, señor?

—Me imagino que mi cuñado —contestó el judío.

333

En el country, una judía sefaradí de mucha plata y muy demostrativa comentaba con las otras, mientras jugaban al buraco:

—No saben, chicas... ayer hice servir a mi perrita caniche Toy, con un machito de lo mejor que me trajo el nuevo veterinario de Palermo Chico... ¡me costó quinientos dólares el servicio!

—¿Quinientos dólares para que sirvan a la perrita...? —preguntó otra—. ¿Entonces para vos cuánto tenés que pagar?

334

Conversación imaginaria entre Samuel Grimberg y Norman Erlich:

—¿Por qué vos decís que estás de acuerdo con que las chicas judías se casen con muchachos goy? —preguntó Samuel.

—Para que no sean los muchachos judíos los únicos en tener tanta mala suerte —respondió Norman Erlich.

335

Un muchacho judío le dice a la madre:

—Mamá, tengo dos noticias para darte; una mala y una buena.

—Decime primero la mala y después la buena, hijo mío.

—La mala es que descubrí que soy homosexual, y la buena es que mi novio es médico.

336

REFLEXIONES DE SAMUEL GRIMBERG:

Si en un minuto el Luna Park lleno de judíos quieres vaciar, una colecta debes organizar.

337

CURIOSIDADES:

Los factores que permiten demostrar que Jesús era judío son los siguientes:

Vivió en la casa familiar hasta los treinta años; siguió el negocio de su padre; su madre pensaba que él era Dios, y él murió creyendo que su mamá era virgen.

338

Sarita se presenta a la búsqueda de secretaria. Llena la ficha de empleo de la siguiente forma:

NOMBRE: Sara Judith Rebeca Fleisberg

DOMICILIO: Av. Estado de Israel 12.988, 4to. G, Capital

EDAD: 27 años

ESTADO CIVIL: Soltera

SEXO: Todos los días.

339

Rebeca pasea con Samuel. Ella, casi famélica, esperaba que él la invite a comer afuera. De repente pasan por la puerta de un restaurante, pero siguen caminando.

—¿Sentiste qué rico olorcito a asado que salía de ese restaurante? —preguntó Rebeca.

—Bueno, si tanto te gusta el asado, volvamos a pasar —respondió Samuel.

340

Samuel, que le debía dinero a Isaac, le manda un cheque.

Dos días más tarde Isaac llama a Samuel para reclamarle el efectivo.

—¿Qué pasa, es que no recibiste cheque ya? —protesta Samuel.

—Sí, dos veces, responde Isaac, una de parte tuya y otra de parte del banco.

341

El muchacho judío llama a la financiera de su padre y pregunta por él, para combinar la cena de festejo de los setenta años de su progenitor.

La secretaria le informa que don Jaime no está en su despacho. Que salió a almorzar con la nueva abogada de la empresa. Que dejó dicho que si podía regresaba sobre las seis de la tarde; pero si no podía a las tres, como tarde, ya estaría nuevamente en su oficina.

342

Un judío, de vacaciones en Río de Janeiro, está haciendo el amor con una hermosa jovencita, culta y fina que en un momento le dice al muchacho:

—Hombre, me abrumáis... me abrumáis...

—¿Estás incómoda, dulzura. Deseás cambiar de posición? —pregunta el muchacho, tiernamente.

—No, Mario, te pregunto si me abru máis as pernas —aclara la brasileña.

343

La diferencia entre el desnudo de una hermosa joven judía y una hermosa joven negra es que mientras que el cuerpo desnudo de la hermosa joven judía puede salir fotografiado en la revista Play Boy, el de la negra sólo aparecerá fotografiado en la National Geographic.

344

Un judío va caminando por Pasteur cuando se encuentra con el médico de cabecera de la familia. El galeno lo saluda:

—Hola, Levinger, qué gusto de verlo, ¿cómo está su familia?

—No lo tome a mal doctor, pero estamos todos bien —responde Levinger.

345

El turco Sarfidie, adinerado judío sefaradí, tomaba clases de paracaidismo. El instructor le explicaba:

—Cuando se abre la compuerta del avión usted se lanza al aire "en palomita". Nunca de pie ni de cabeza. Contará hasta cinco, y tirará de la cuerda de apertura del paracaídas. Próximo al suelo, usted flexionará las piernas para amortiguar el golpe contra el suelo. Allí estará nuestra Pathfinder que lo regresará al club. Le recuerdo que si el paracaídas no se abre al tirar de la manija, usted debe utilizar la correa de seguridad, que también acciona la apertura. Y si ésta falla, tiene como última alternativa la soga de emergencia que libera todas las retenciones.

El turco se sube al avión. Cuando se abre la compuerta y le avisan, se tira en palomita. Cuenta hasta cinco, tira de la manija de apertura y nada. Busca la de seguridad, la acciona y nada. Finalmente, recurre a la soga de emergencia, la tira y nada. Seguía cayendo en forma estrepitosa. En un momento dado, el turco, ya desesperado, y cerca del piso, exclama: "Ahora lo único que me falta es que no esté la Pathfinder".

## 346

En las formaciones femeninas del ejército israelí, había una rubia muy llamativa, que un día con voz melosa y sensual llamó al superior diciendo: "Hola, mi teniente, aquí estoy para lo que me necesite...". Y bajaba los ojitos.

El teniente, poco dado con las mujeres, se puso furioso. La llamó a su despacho y luego de darle un fuerte sermón de cómo se debía respetar a los superiores en las formaciones militares, le mostró su chaqueta, en la que tenía una cantidad de estrellas por las batallas ganadas contra los árabes, contra los irakíes, contra los palestinos, etc.

—Fíjese —dice el militar—, éstas son estrellas, y aquí tengo más estrellas. Bueno señorita, ahora puede retirarse.

—Gracias... cielito —saluda la muchacha.

347

—Y tú, ¿cómo te llamas? —pregunta el maestro al alumno:

—Jaimito Cohen —responde el niño.

—¡Tienes que ser más educado, debes decir señor!

—Bueno, me llamo señor Jaimito Cohen.

348

La madre, luego de explicarle que se trata de un médico de niños, lleva a Jaimito al pediatra. El médico le pregunta:

—¿Jaimito, qué vas a hacer cuando seas grande?

—¿Y usted qué va a ser cuando sea médico de grandes?

349

La madre judía le cuenta a una amiga.

—Pobre Sarita, mi hija. Se tuvo que separar de su marido.

—¿Por qué, qué le pasó? —preguntó la amiga.
—Pobrecita, se casó con un cornudo.

## 350

El médico le dice a su paciente, la millonaria judía, que la operará de hemorroides y lo hará con anestesia local. Ella protesta:
—¿Por qué local, si tenemos dinero para pagar una importada?

Esta edición de 5.000 ejemplares
se terminó de imprimir en
Industria Gráfica del Libro S.A.,
Warnes 2383, Buenos Aires,
en el mes de diciembre de 1995.